以小说形式演绎项目管理智慧

张成功项目管理记

（第2版）

王树文◎编著

ZHANGCHENGGONG XIANGMU GUANLIJI

人民邮电出版社
北京

图书在版编目（CIP）数据

张成功项目管理记 / 王树文编著. -- 2版. -- 北京：
人民邮电出版社，2016.7
ISBN 978-7-115-42619-2

Ⅰ. ①张… Ⅱ. ①王… Ⅲ. ①项目管理 Ⅳ.
①F224.5

中国版本图书馆CIP数据核字(2016)第122620号

内容提要

本书以小说的形式诠释了项目管理知识体系和最佳实践。全书以美国项目管理学会出版的《项目管理知识体系指南》第5版为知识主线，以“国内某省全省大集中电子政务行政办公系统建设项目”作为项目实体，通过小说中主人翁张成功的项目运作实践全过程，将项目管理知识体系、项目管理运作模式和方法、项目管理应用模板、项目管理最佳实践等融为一体。本书讲解通俗易懂，让读者在轻松的阅读和学习中全面掌握项目管理知识体系的理论精髓和实践应用。同时，以张成功的爱情发展为辅线，也是本书的一大特色和亮点。

本书既适合刚刚从事项目管理工作的人士学习，也适合资深项目管理人士和项目管理教师阅读，也可作为高校项目管理专业学生的参考读物。

◆ 编　　著　王树文
责任编辑　张　涛
责任印制　焦志炜

◆ 人民邮电出版社出版发行　　北京市丰台区成寿寺路11号
邮编　100164　　电子邮件　315@ptpress.com.cn
网址　http://www.ptpress.com.cn
固安县铭成印刷有限公司印刷

◆ 开本：700×1000　1/16
印张：13.75　　2016年7月第2版
字数：263千字　　2024年7月河北第2次印刷

定价：49.00元

读者服务热线：(010)81055410　印装质量热线：(010)81055316
反盗版热线：(010)81055315

第2版前言

项目管理通常被人们认为是第二次世界大战的产物（如美国研制原子弹的曼哈顿计划），事实上，项目管理历史源远流长，从非严格意义上来讲，我国的长城、埃及的金字塔、古罗马的供水渠等这些古代不朽的伟大工程，都可以说是项目管理下的杰出产物；近代项目管理在20世纪四五十年代开始出现，当时主要应用于国防和军工项目；20世纪50年代后期，近代项目管理逐渐走向成熟，出现了关键路线法（CPM）和计划评审技术（PERT）等，项目管理科学取得了突破性成就；20世纪60年代中后期成立的一些国际性项目管理组织，如总部设在瑞士洛桑的国际项目管理协会（International Project Management Association，IPMA）、美国项目管理学会（Project Management Institute，PMI）等，进一步推进了项目管理的传播和现代化；进入20世纪90年代，现代项目管理有了新的进展；跨入21世纪，项目管理作为一门科学日趋成熟，已广泛应用于航空航天、军事、通信、软件、信息、金融、医药等几乎所有的行业和领域。

如今，项目管理发挥着越来越大的作用，很多组织（包括政府、企事业单位等）甚至把日常工作项目化。顺应而来的是，市面上阐述和介绍项目管理知识体系的图书也唾手可得，项目管理成为耳熟能详的一个名词。然而，在众多阐述和介绍项目管理知识体系的图书中，绝大部分还是理论的宣导。结合具体行业、具体项目案例提供实操的流程、方法和模板的图书还是少之又少。

广大项目管理从业人员不但渴求项目管理知识体系理论知识，更渴求如何将理论知识应用于实际项目管理活动之中的具体指导，在这样的背景之下，笔者独辟蹊径，采用时下流行的写作模式，以小说的形式再现项目管理知识体系在实际项目管理过程中的具体应用，在2013年1月创作出版了《张成功项目管理记》第1版。

《张成功项目管理记》（第1版）第一次印刷后短短半年时间就销售一空，以至于后来不少读者想买这本书都未能如愿。

为了满足广大读者的阅读和学习的需要，笔者对《张成功项目管理记》进行了改版。

本次改版，以《项目管理知识体系指南》第5版为知识主线，仍然以“国内某省全省大集中电子政务行政办公系统建设项目”作为项目实体，通过小说中主人翁张成功全过程的项目运作实践，将项目管理知识体系、项目管理运作模式和方法、项目管理应用模板、项目管理最佳实践等融为一体。娓娓道来，浑然一体，让读者在轻松的阅读和学习中透彻掌握项目管理知识体系的理论精髓和实践应用。

本次改版，除根据读者对第1版的反馈意见进行修改外，笔者还完善和增加了一些新的内容。

本版本仍然保留了第1版的主体结构：全书分为十章，按项目启动（第一章和第二章）、初步项目计划（第三章）、详细项目计划（第四章）、项目执行和监控（第五章和第六章）、项目收尾（第七章）和项目管理方面的最佳实践（第八章、第九章和第十章）进行章节布局，最后以“后记”作为本书的结尾。

本版新增的内容主要有：第四章中增加了第三节“详细规划：垒起成功的基石”，第六章中增加了第七节“确保干系人对项目的支持程度不低于预期”，第七章中增加了第四节“‘IT项目管理知识体系’47个过程的一般关系”，第九章中增加了第五节“有效沟通的6个实战技巧”。

本书非常适合刚刚从事项目管理工作的人士阅读和学习，它将是从业人员在项目管理实际环境中成功应用项目管理知识体系的指路明灯；也非常适合作为资深项目管理人士和项目管理教师的读物，因为它将对启发和培养项目管理从业人员（或项目管理专业的学生）成功管理项目提供“锦囊”；也适合作为高校项目管理专业学生的参考读物。

本书融入了笔者多年的项目管理实践经验和项目管理教学心得，相信聪明和智慧的你，一定会异常兴奋地拿起本书好好一读；到那时，你将会欣喜地发现，这一举动无比正确！

借此机会，我衷心感谢本书第1版的读者朋友们，感谢你们的阅读以及宝贵的意见和建议；同时再次感谢为本书的出版倾注了心血的家人、老师、出版编辑和各位朋友。当然，我也要感谢热爱本书的每一位读者，有了你们，我很温暖。

王树文

于广州

目录

第一章

结缘项目管理

喜从天降

张成功毕业于一所名牌大学，硕士研究生学历；研究生毕业时，由于品学兼优，被学校评为优秀毕业生。毕业之后走上工作岗位，工作四年多来，可谓顺风顺水，不但工作上屡次得到了上司的表扬，而且最近还拍拖了一个温柔似水、美丽娇娆的女朋友。

张成功硕士研究生毕业后，一直在广东一家 IT 公司工作。公司目前有 500 多名员工，规模虽然不大，但发展迅速。他工作努力、善于钻研、积极上进，通过短短四年多时间的努力，由进公司时的程序员做到了开发经理。

张成功所在的公司这几年发展得非常不错，实力越来越强，社会知名度也与日俱增。这不，最近公司又以其强大的竞争力击败了其他几家实力超强的竞争对手，赢得了国内某省全省大集中电子政务行政办公系统建设项目。这个硬软件集成的大型电子政务应用系统项目，合同金额4000多万元人民币，这也是公司自成立以来首次赢得的单个合同额度最大的两个项目之一（去年公司也签到了一个大项目，合同金额近5000万元，当时那个项目的项目经理由公司拥有PMP[1]资质、信息系统项目管理师[2]资质和系统集成高级项目经理资质[3]的资深项目经理李全才担任；张成功当时担任该项目的开发经理，曾协助李全才做过项目管理工作，对李全才的项目管理能力非常崇拜）。一时间，公司上至总经理，下至普通职员都沉浸在胜利的喜悦之中，公司行政部还特意通过公司内部信息网向公司全体员工发布了中标喜报。

该项目合同金额虽然比较大，但项目复杂程度不算太高，项目工期也比较宽松。出于人才培养目的，公司领导研究决定，该项目由张成功出任项目经理。为了保险起见，公司领导还特意知会资深项目经理李全才，要他多关注该项目并及时给予张成功指导。

张成功万万没有想到的是，项目中标后第十天快下班的时候，公司总经理郑圆通把他找到办公室，非常认真地对他说："张成功，你从毕业到现在工作一直做得不错，工作业绩有目共睹，特别是你协助李全才做去年那个金额近5000万元的合同项目时，表现出了良好的项目管理潜质。为了进一步培养你，经公司领导研究决定，公司最近赢得的某省全省大集中电子政务行政办公系统建设项目，由你出任项目经理。明天公司项目合同管理部将会把"项目章程""项目合同书""项目启动通知"发给你，你的部门经理将会把"项目任务书"发给你，你就可以据此开展项目工作了。祝你成功！工作过程中，你可以多请教公司资深项目经理李全才，需要时我们随时联系。"

短短几句话后，总经理就把张成功送出了办公室。张成功以为自己在做梦，一时还没有回过神来。他来到洗手间用冷水足足把脸洗了十几分钟，才慢慢清醒过来，他按捺不住心中的喜悦，对着镜子用力做了一个"V"（代表胜利）的手势，立即冲出洗手间，异常激动地给心爱的女朋友阿芬发了一条报喜微信。微信内容如下："亲爱的芬（"芬"是张成功女朋友阿芬的昵称），今天公司总经理任命我为一合同额为4000多万元项目的项目经理，这是公司领导对我之前工作业绩的肯定，也是公司领导对我能力的认可和

---

1 PMP是美国项目管理协会（PMI）推出的国际认可的项目管理专业人士（Project Management Professional）资格认证，1999年引入中国。

2 信息系统项目管理师属于计算机技术与软件专业技术资格（水平）考试（即软考）高级资格考试中的一项考试，是由人力资源和社会保障部（原人事部）、工业和信息化部（原信息产业部）领导的国家级考试，2005年5月首次开考。

3 系统集成高级项目经理资质由工业和信息化部计算机信息系统集成资质认证工作办公室认证和颁发证书。

信任，我的心里非常高兴，所以第一时间和你分享我心中的喜悦。”张成功刚把手机放到口袋，手机就“嘀嘀嘀”地响了起来。张成功知道是自己的女朋友回信息了，打开手机一看，微信内容是：“亲爱的，我和你一样高兴，加油！”

下班后张成功回到他租住的宿舍，把这个好消息和他的几位舍友进行了分享，几个哥们儿一起外出搓了一顿，就着两碟花生米咕噜咕噜喝了几瓶“开心牌”啤酒以示庆祝。

那一晚，张成功高兴得几乎彻夜未眠，他憧憬着这个项目和自己美好的未来，一直乐到天明。

本节内容精要

- 张成功所在公司中标一合同金额为 4000 多万元人民币的大项目，项目名称为“国内某省全省大集中电子政务行政办公系统建设项目”。
- 张成功被公司总经理郑圆通任命为该项目的项目经理。
- 张成功和女朋友阿芬及舍友分享自己被任命为项目经理的喜悦。

困难就在眼前

第二天早晨张成功回到办公室，打开自己的邮箱，就收到了公司项目合同管理部发过来的某省全省大集中电子政务行政办公系统建设项目的“项目章程”“项目合同”“项目启动通知”以及部门经理邹百通发过来的关于该项目的“项目任务书”。

张成功之前虽然协助李全才管理过项目，但那时候仅仅是协助而已，自己并没有独立承担项目管理工作。另外，公司成立的时间也不是太长，通过 CMMI[1] 3 级评估也只有半年左右的时间，还没有建立起十分成熟的项目管理体系，没有多少可以借鉴的组织过程资产。如今，真要自己亲自策划和管理项目，他一时还真不知如何下手。高兴之余，张成功很快就陷入了困境，面对项目管理这样一份全新的工作，他一时理不出头绪，不知道该怎么办。

他打开邮件，看了看“项目章程”“项目启动通知”和“项目任务书”这 3 份文件。这 3 份文件的格式如下（见表 1-1 ～ 表 1-3）。

---

1 CMMI（能力成熟度模型集成）是 Capability Maturity Model Integration 的缩写。CMMI 分为五个能力等级：初始级、已管理级、已定义级、量化管理级和优化级。

表 1-1 “项目章程”模板

项目章程	
项目基本信息	
项目名称	
客户（项目建设方）名称	
批准项目的原因	
项目概要描述	
客户联系人及联系方式	
项目经理	
项目约束和限制条件	
项目总体要求	
总体里程牌进度要求	
总体预算	
项目审批要求	
项目可能的主要风险	
项目成功的基本标准	
项目经理的职责和权力	
项目经理的职责	
项目经理的权力	
项目章程签发信息	
项目发起人	
项目章程签发时间	

表 1-2 “项目启动通知”模板

项目启动通知			
项目名称			
项目合同号			
销售人员		联系电话	
客户联系人		联系电话	
项目执行部门经理		联系电话	
项目经理		联系电话	
合同管理员		联系电话	
项目启动通知签发人		签发日期	

表 1-3 “项目任务书”模板

<table>
<tr><th colspan="4">项目任务书</th></tr>
<tr><td colspan="2">项目名称</td><td colspan="2"></td></tr>
<tr><td colspan="2">项目简称</td><td colspan="2"></td></tr>
<tr><td colspan="2">项目类型</td><td colspan="2"></td></tr>
<tr><td colspan="2">项目目标</td><td colspan="2"></td></tr>
<tr><td colspan="2">项目核心建设任务</td><td colspan="2"></td></tr>
<tr><td colspan="2">项目进度要求</td><td colspan="2"></td></tr>
<tr><td colspan="2">项目质量要求</td><td colspan="2"></td></tr>
<tr><td colspan="2">项目成本要求</td><td colspan="2"></td></tr>
<tr><td colspan="2">项目技术要求</td><td colspan="2"></td></tr>
<tr><td colspan="2">项目基本管理要求</td><td colspan="2"></td></tr>
<tr><td>签发人</td><td></td><td>签发时间</td><td></td></tr>
</table>

看完“项目章程”“项目合同”“项目启动通知”和“项目任务书”，张成功一时有点茫然，他心里没底，不知道这 3 份文件对他将要管理的项目到底有何作用。为了能顺利地开展项目工作，张成功决定先去拜访资深项目经理李全才。

本节内容精要

- ◆ 张成功收到公司项目合同管理部发给自己的关于该项目的“项目章程”“项目合同”“项目启动通知”和部门经理邹百通发过来的关于该项目的“项目任务书”。
- ◆ 张成功不明白“项目章程”“项目合同”“项目启动通知”和“项目任务书”这 4 份文件的作用。
- ◆ 张成功决定拜访资深项目经理李全才。

第二章

项目管理之初体验

首次与 IT 项目管理知识体系亲密接触

下午一上班，张成功就迫不及待地敲开了资深项目经理李全才办公室的门。还没等张成功开口，李全才就笑着说：“我听公司领导说，你被委任为国内某省全省大集中电子政务行政办公系统建设项目的项目经理，恭喜你啊。我知道，你今天来找我，一定是想咨询如何管理这个项目，对吧？”

张成功点了点头，李全才示意张成功坐在他办公桌前的座椅上。

令张成功万万没有想到的是，只见李全才从抽屉里拿出一本装订略显粗糙的书（张成功定睛一看，这本书是李全才自己亲手制作的，封面上写着《李全才之 IT 项目管理宝典》。张成功意识到，这本书是李全才根据自己所学及十几年的实际项目管理经验所总结和归纳出来的智慧），对张成功说：“为了能让你有效地管理好 IT 项目，你必须掌握 IT 项目管理知识体系。我先给你讲讲 IT 项目管理知识体系框架，其他知识你以后需要用到时再慢慢学习吧。”

李全才真不愧是资深项目经理，他不但自己懂，而且很乐于分享，很擅长培养新人。他起身来到办公室一侧的白板前，拿起一支白板笔，结合《李全才之 IT 项目管理葵花宝典》（以下简称《IT 项目管理葵花宝典》），深入浅出地给张成功讲解了起来。以下是李全才展示和讲解的主要内容（见图 2-1 ～ 图 2-3 和表 2-1 ～ 表 2-4）。

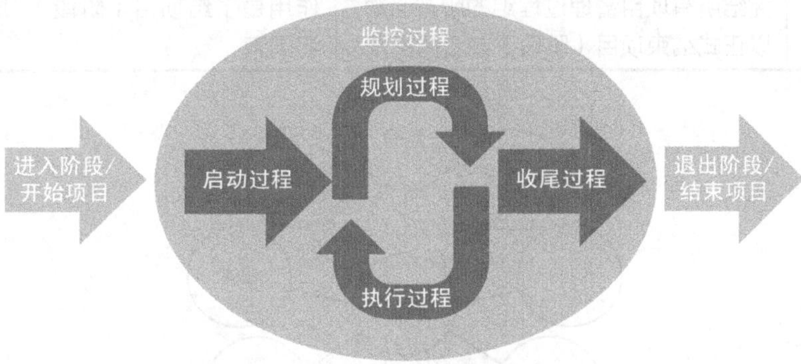

图 2-1　IT 项目管理知识体系框架

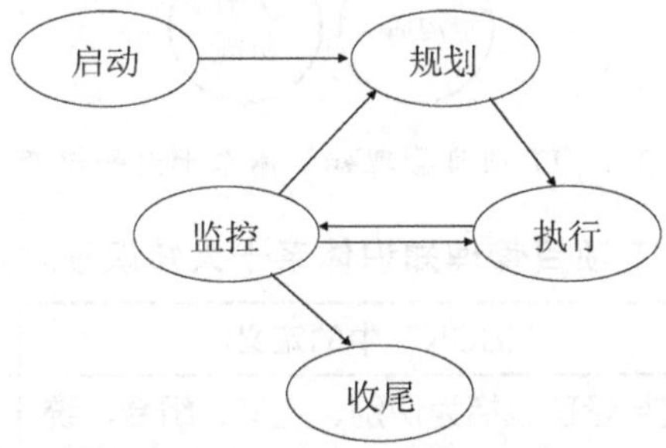

图 2-2　IT 项目管理知识体系五大过程组及其之间的关系

表 2-1　IT 项目管理知识体系五大过程组及其作用

名称	“PMBOK”[1] 中的定义	李全才注解
启动过程组	定义一个新项目或现有项目的一个新阶段，授权开始该项目或阶段	作用是设定项目目标，让项目团队有事可做
规划过程组	明确项目范围，定义和优化目标，为实现目标制定行动方案	作用是制定工作路线，让项目团队“有法可依”

[1] “PMBOK®”是美国项目管理学会出版的《项目管理知识体系指南》（PMBOK® 指南）的缩写，目前最新版本为第 5 版，是目前业界最流行的项目管理知识体系之一。

续表

名称	"PMBOK"[1] 中的定义	李全才注解
执行过程组	完成项目管理计划中确定的工作，以满足项目规范要求	作用是"按图索骥"，让项目团队"有法必依"
监控过程组	跟踪、审查和调整项目进展与绩效，识别必要的计划变更并启动相应变更	作用是测量项目绩效，让项目团队"违法必究"，并且尽量做到"防患于未然"
收尾过程组	完结所有项目管理过程组的所有活动，以正式结束项目（阶段）或合同责任	作用是了结项目（阶段）"恩怨"，让一切圆满

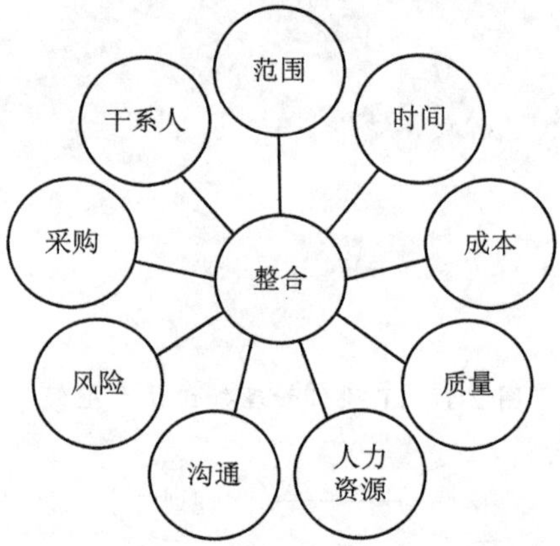

图 2-3 IT 项目管理知识体系十大知识领域

表 2-2 IT 项目管理知识体系十大知识领域及其作用

名称	"PMBOK" 中的定义	李全才注解
项目整合管理	项目整合管理包括为识别、定义、组合、统一和协调各项目管理过程组的各种过程和活动而开展的过程与活动	其作用犹如项链中的那根线
项目范围管理	项目范围管理包括确保项目做且只做所需的全部工作，以成功完成项目的各个过程	做且只做该做的事
项目时间管理	项目时间管理包括为管理项目按时完成的各个过程	让一切按既定的进度进行
项目成本管理	项目成本管理包括为使项目在批准的预算内完成而对成本进行规划、估算、预算、融资、筹资、管理和控制的各个过程，从而确保项目在批准预算内完工	算准钱和花好钱

续表

名称	"PMBOK"中的定义	李全才注解
项目质量管理	项目质量管理包括执行组织确定质量政策、目标与职责的各过程和活动，从而使项目满足其预定的需求	目的是满足需求
项目人力资源管理	项目人力资源管理包括组织、管理与领导项目团队的各个过程	让团队成员高效率地和你一起干
项目沟通管理	项目沟通管理包括为确保项目信息及时且恰当地规划、收集、生成、发布、存储、检索、管理、控制、监督和最终处置所需的各个过程	在合适的时间，由合适的人，把合适的信息，通过合适的方式传送给合适的人
项目风险管理	项目风险管理包括规划风险管理、识别风险、实施风险分析、规划风险应对和控制风险等各个过程	"无事找事"，从而让项目"无险事"
项目采购管理	项目采购管理包括从项目团队外部采购或获得所需产品、服务或成果的各个过程	当好甲方
项目干系人管理	项目干系人管理包括识别干系人、分析干系人对项目的期望和影响、制定合适的管理策略来有效调动干系人参与项目决策和执行的各过程	和项目干系人搞好关系并令其满意

表 2-3　IT 项目管理知识体系 47 个过程及其作用

名称	"PMBOK"中的定义	李全才注解
制定项目章程	编写一份正式批准项目并授权项目经理在项目活动中使用组织资源的文件的过程	项目诞生，并为项目经理"正名"
制定项目管理计划	定义、准备和协调所有子计划，并把它们整合为一份综合项目管理计划的过程	编制项目执行的蓝图
指导与管理项目工作	为实现项目目标而领导和执行项目管理计划中所确定的工作，并实施已批准变更的过程	按图索骥
监控项目工作	跟踪、审查和报告项目进展，以实现项目管理计划中确定的绩效目标的过程	盯着，不停地盯着
实施整体变更控制	审查所有的变更请求，批准变更，管理对可交付成果、组织过程资产、项目文件和项目管理计划的变更，并对变更处理结果进行沟通的过程	让变更在可控之内

续表

名称	"PMBOK"中的定义	李全才注解
结束项目或阶段	完结所有项目管理过程组的所有活动，以正式结束项目或阶段的过程	给项目（阶段）画"句号"
规划范围管理	创建范围管理计划，书面描述将如何定义、确认和控制项目范围的过程	规划如何实施项目范围管理
收集需求	为实现项目目标而确定、记录并管理干系人的需要和需求的过程	收集要做什么
定义范围	制定项目或产品详细描述的过程	确定要做什么
创建 WBS	将项目可交付成果和项目工作分解为较小的、更容易管理的组成部分的过程	细化交付成果到可估算、可分工、可控制的程度
确认范围	正式验收已经完成的项目可交付成果的过程	让项目发起人或客户接受项目成果
控制范围	监督项目和产品的范围状态、管理范围基准变更的过程	让范围在可控之内
规划进度管理	为规划、编制、管理、执行和控制项目进度而制定政策、程序和文档的过程	规划如何实施项目进度管理
定义活动	识别和记录为完成项目可交付成果而需采取的具体行动的过程	把工作包分解为可估算、可分工、可控制的活动
排列活动顺序	识别和记录项目活动之间的关系的过程	确定工作执行的先后顺序
估算活动资源	估算执行各项活动所需材料、人员、设备或用品的种类和数量的过程	确定到底需要什么才能完成工作
估算活动持续时间	根据资源估算的结果，估算完成单项活动所需工作时段数的过程	确定完成工作所需要经历的时间
制定进度计划	分析活动顺序、持续时间、资源需求和进度制约因素，创建项目进度模型的过程	描绘出整个项目的实施进程
控制进度	监督项目活动状态，更新项目进展，管理进度基准变更，以实现计划的过程	让进度在可控之内
规划成本管理	为规划、管理、花费和控制项目成本而制定政策、程序和文档的过程	规划如何实施项目成本管理

续表

名称	“PMBOK”中的定义	李全才注解
估算成本	对完成项目活动所需资金进行估算的过程	确定完成工作所需要付出的代价
制定预算	汇总所有单个活动的估算成本，建立一个经批准的成本基准的过程	批准完成工作所需要付出的代价
控制成本	监督项目状态，以更新项目成本，管理成本基准变更的过程	让费用在可控范围之内
规划质量管理	识别项目及其可交付成果的质量要求和/或标准，并书面描述证明项目符合质量要求的过程	确定合格的标准
实施质量保证	审计质量要求和质量控制测量结果，确保采用合理的质量标准和操作性定义的过程	通过过程保证质量
控制质量	监测并记录质量活动执行结果，以便评估绩效，并推荐必要的变更的过程	让结果满足既定的质量标准
规划人力资源管理	识别和记录项目角色、职责、所需技能、报告关系，并编制人员配备管理计划的过程	需要什么人，需要多少人
组建项目团队	确认人力资源的可用情况，并为开展项目活动而组建团队的过程	让巧妇能为有米之炊
建设项目团队	提高工作能力，促进团队成员互动，改善团队整体氛围，以提高项目绩效的过程	激发团队的潜能
管理项目团队	跟踪团队成员工作表现，提供反馈，解决问题并管理团队变更，以优化项目绩效的过程	大家好才是真的好
规划沟通管理	根据干系人的信息需要和要求及组织的可用资产情况，制定合适的项目沟通方式和计划的过程	项目干系人需要什么，如何给到他们
管理沟通	根据沟通管理计划，生成、收集、分发、储存、检索及最终处置项目信息的过程	按照沟通管理计划把信息传递给需要的人
控制沟通	在整个项目生命周期中对沟通进行监督和控制的过程，以确保满足项目干系人对信息的需求	确保干系人得到且只得到他所需要的信息
规划风险管理	定义如何实施项目风险管理活动的过程	定义如何对待风险
识别风险	判断哪些风险可能影响项目并记录其特征的过程	风险，你在哪里

续表

名称	"PMBOK"中的定义	李全才注解
实施定性风险分析	评估并综合分析风险的发生概率和影响，对风险进行优先排序，从而为后续分析或行动提供基础的过程	揭开风险的面纱
实施定量风险分析	就已识别风险对项目整体目标的影响进行定量分析的过程	揭开风险的真相
规划风险应对	针对项目目标，制定提高机会、降低威胁的方案和措施的过程	定义如何应对风险
控制风险	在整个项目中实施风险应对计划，跟踪已识别风险，监督残余风险，识别新风险，以及评估风险过程有效性的过程	让风险在可控之内
规划采购管理	记录项目采购决策，明确采购方法，识别潜在卖方的过程	买什么，如何买
实施采购	获取卖方应答，选择卖方并授予合同的过程	购买要买的东西
控制采购	管理采购关系，监督合同执行情况，并根据需要实施变更和采取纠正措施的过程	让本次购买可控
结束采购	完成单次项目采购的过程	给本次购买画"句号"
识别干系人	识别能影响项目决策、活动或结果的个人、群体或组织，以及被项目决策、活动或结果所影响的个人、群体或组织，并分析和记录他们的相关信息的过程	搞清楚谁与项目相关
规划干系人管理	基于对干系人需要、利益及项目成功的潜在影响的分析，制定合适的管理策略，以有效调动干系人参与整个项目生命周期的过程	规划如何更好地让项目干系人积极参与项目
管理干系人参与	在整个项目生命周期中，与干系人进行沟通和协作，以满足其需要与期望，解决实际出现的问题，并促进干系人合理参与项目活动的过程	协调项目干系人积极参与项目
控制干系人参与	全面监督项目干系人之间的关系，调整策略和计划，以调动干系人参与的过程	鼓励项目干系人积极参与项目

表 2-4　IT 项目管理知识体系五大过程组、十大知识领域之间的对应关系

知识领域	项目管理过程组				
	启动过程组	规划过程组	执行过程组	监控过程组	收尾过程组
项目整合管理	制定项目章程	制定项目管理计划	指导与管理项目工作	监控项目工作 实施整体变更控制	结束项目或阶段
项目范围管理		规划范围管理 收集需求 定义范围 创建 WBS		确认范围 控制范围	
项目时间管理		规划进度管理 定义活动 排列活动顺序 估算活动资源 估算活动持续时间 制定进度计划		控制进度	
项目成本管理		规划成本管理 估算成本 制定预算		控制成本	
项目质量管理		规划质量管理	实施质量保证	控制质量	
项目人力资源管理		规划人力资源管理	组建项目团队 建设项目团队 管理项目团队		
项目沟通管理		规划沟通管理	管理沟通	控制沟通	
项目风险管理		规划风险管理 识别风险 实施定性风险分析 实施定量风险分析 规划风险应对		控制风险	
项目采购管理		规划采购管理	实施采购	控制采购	结束采购
项目干系人管理	识别干系人	规划干系人管理	管理干系人参与	控制干系人参与	

张成功看着这些图表，听着李全才对 IT 项目管理知识体系的娓娓道来，顿时被项目管理知识体系深深地吸引了，他听得如痴如醉，拼命地吸收着这些知识，恨不得一下子全学会。

李全才讲完上述内容后，回到自己的办公座位上，拿出一张便签纸，对张成功说："成功，为了能方便你更好地掌握 IT 项目管理知识体系框架的核心内容，我把一些重要信息写在这张便签纸上，你回去之后再好好琢磨琢磨。"

李全才总结的关于 IT 项目管理知识体系框架的核心内容如下。

（1）IT 项目管理知识体系包括五大过程组：启动、规划、执行、监控和收尾，是为了方便我们学习项目管理知识体系而人为划分的，五大过程组和我们平时提到的项目阶段是两回事。我们可以从 3 个方面来很好地区分项目管理过程组和项目阶段：①项目管理过程组是根据学习的需要人为划定的，而项目阶段是根据项目本身的特性划定的；②项目管理过程组的个数是固定的（五大过程组），而项目阶段的个数不定；③在项目的每一个阶段都可能需要重复多次执行项目管理五大过程组中的过程，而项目阶段一般不会重复执行。

（2）项目管理知识体系的理论基础是"PDCA 循环"[1]，其中规划过程组对应"PDCA 循环"中的"P"，执行过程组对应"PDCA 循环"中的"D"，监控过程组对应"PDCA 循环"中的"C"和"A"；"PDCA 循环"是闭环，而项目管理知识体系是开环（有项目开始和项目结束）。

（3）五大过程组、十大知识领域和 47 个过程，在项目各阶段会被重复执行，执行的频率和次数因项目而异。

（4）47 个过程分布在五大过程组中的记忆方法是：你只需要记清楚"执行"过程组中包括 8 个过程就可以了。第一个过程组"启动"和最后一个过程组"收尾"包含相同的过程数（都包含 2 个过程），与"执行"过程组相邻的"规划"和"监控"过程组，它们包括的过程数与"执行"过程组所包括的过程数分别是 3 倍和多 3 的关系（即"执行"过程组包含 24 个过程，"监控"过程组包含 11 个过程）。

（5）47 个过程分布在十大知识领域中的记忆方法是：分 3 段。"6 6 7""4 3 4 3"（第一段最后数字 7 分成 4 和 3）"6 4 4"（即"项目整合管理"包括 6 个过程，"项目范围管理"包括 6 个过程，"项目进度管理"包括 7 个过程，"项目成本管理"包括 4 个过程，"项目质量管理"包括 3 个过程，"项目人力资源管理"包括 4 个过程，"项目沟通管理"包括 3 个过程，"项目风险管理"包括 6 个过程，"项目采购管理"包括 4 个过程，"项目干系人管理"包括 4 个过程）。

（6）所谓管理，是指同别人一起，或通过别人使活动完成得更有效的过程。

---

1 PDCA 循环又叫戴明环，最早由休哈特提出，后经戴明博士完善而成。其中 P（Plan）指"计划"，D（Do）指"执行"，C（Check）指"检查"，A（Action）指"行动"。

（7）项目是为了提供某项独特的产品、服务或成果所做的临时性（或叫一次性）努力，项目具有临时性、独特性和渐进明细性三大特点。

（8）项目管理就是把各种知识、技能、工具和技术应用于项目活动之中，以满足项目的要求，项目经理是对实现项目目标负责的人。

（9）项目管理工作很难一步到位，需要持续改进。

（10）忙碌不代表效率，方法远胜于苦干。在工作过程中，我们需要先找对方法再行动。

李全才在便签纸的最下面，又写了一行字：管理是一门科学，更是一门艺术！项目成功的关键并不仅仅在于我们对那些“技术”和“工具”的学习，而在于形成“管理者”所特有的思维和行为方式。知易行难，因此管理不仅仅在于“知”，更在于“行”。

写完后，李全才把便签纸递给了张成功。

张成功拿着这张便签纸，如获至宝，小心翼翼地把它夹在他随身携带的公文包的最里层，生怕把它弄丢了。

张成功看了看表，发现已经耽误李全才 2 小时时间了，由于事先没有预约，他感到很不好意思，准备说声“谢谢”后告辞。李全才说：“我知道你今天下午会来找我，所以今天下午我特意没有安排其他重要的工作。这样吧，关于 IT 项目管理知识体系框架，还有一部分知识没有讲完，我再给你补充补充。这样，你对 IT 项目管理知识体系框架就会有一个完整的了解，以后学习和应用，就容易上手了。”

张成功心里别提有多激动，能有这样一位前辈关心和培养自己，张成功感到自己真是三生有幸！

本节内容精要

- 资深项目经理李全才给张成功详细讲解了 IT 项目管理知识体系框架。
- 资深项目经理李全才把 IT 项目管理知识体系框架的一些核心要点写在便签纸上让张成功回家后继续复习和领悟。

选用合适的项目组织结构

李全才喝了一口水，接着从抽屉中拿出一张事先画好的图，对张成功说，选用一个合适的项目组织结构，对项目成功至关重要。

李全才把图摊开，指着图说，项目组织结构可以分为四种：职能型、矩阵型（包括弱矩阵、平衡矩阵和强矩阵）、项目型和混合型（见图 2-4 ～ 图 2-9）。每种组织结构都有其优缺点。

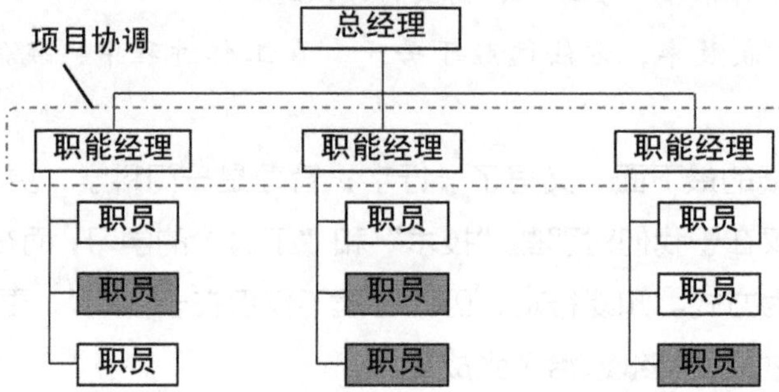

图 2-4 职能型项目组织结构

李全才指着职能型项目组织结构图说，灰色底的“职员”表示参加项目活动的职员，后面要讲到的其他类型的项目组织结构图与此一样。职能型组织结构的最大特点是：负责项目管理的项目协调员（我们可以把他认为就是项目经理，只是在职能型组织结构中，由于其权力很小，所以通常称其为项目协调员而不叫项目经理）权力很小，他们不能直接安排项目组成员的工作，只能把项目工作分派给职能经理，由职能经理把项目工作安排给职员完成，职员完成工作后，把成果反馈给职能经理，由职能经理汇总后再统一提交给项目协调员。

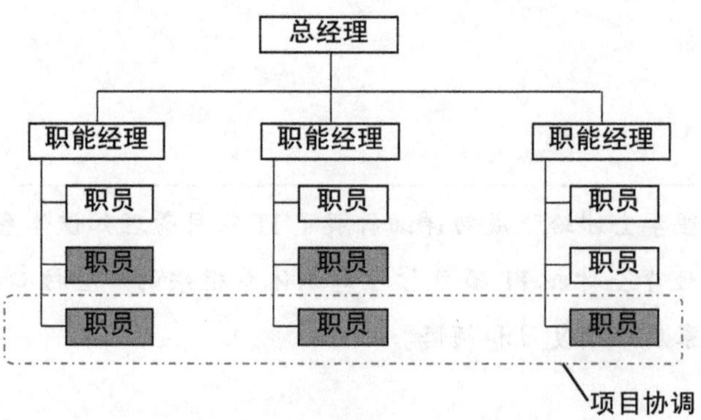

图 2-5 弱矩阵型项目组织结构

李全才指着弱矩阵型组织结构、平衡矩阵型组织结构和强矩阵型组织结构这三幅图说，矩阵型组织结构相对于职能型组织结构而言，项目经理的权力增大了。区分弱矩阵型组织结构、平衡矩阵型组织结构和强矩阵型组织结构的最有效的办法是看项目经理和职能经理在项目中权力的大小。如果职能经理的权力大于项目经理的权力，则是弱矩阵型项目组织结构；如果职能经理的权力和项目经理的权力差不多一样大，则是平衡矩阵型组织结构；如果职能经理的权力小于项目经理的权力，则是强矩阵型组织结构。

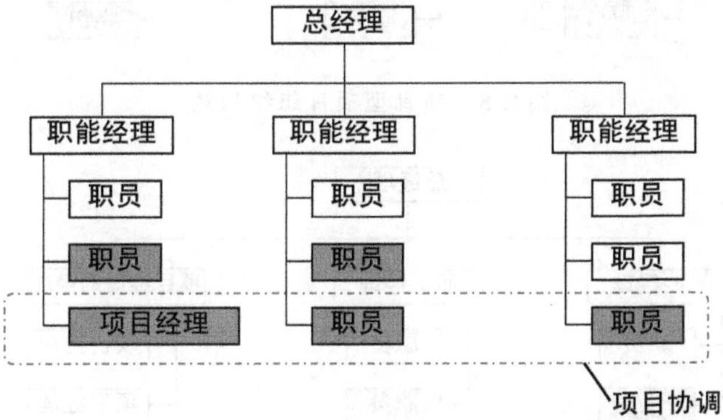

图 2-6　平衡矩阵型项目组织结构

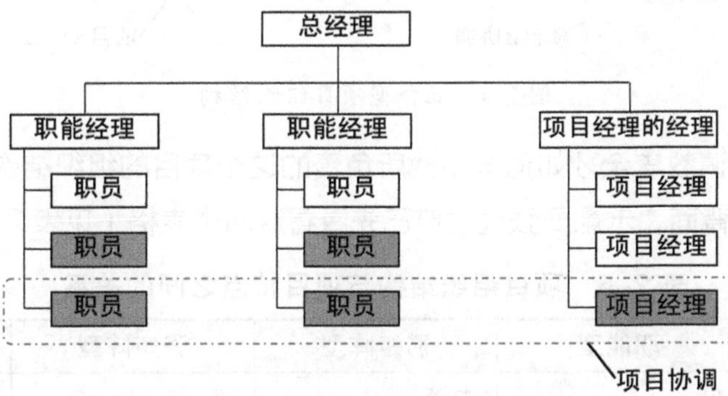

图 2-7　强矩阵型项目组织结构

李全才接着说，在项目型组织结构中，项目经理几乎拥有全权（见图 2-8）。

混合型项目组织结构是指在同一个组织中同时存在职能型、项目型和矩阵型三种项目组织结构中的两种或三种（见图 2-9）。

展示完这四种组织结构图后，李全才补充说，根据我们公司的情况，我们的项目一般是选用强矩阵型组织结构或项目型组织结构，你可以根据你这个项目的特点，向公司领导申请选用其中之一。

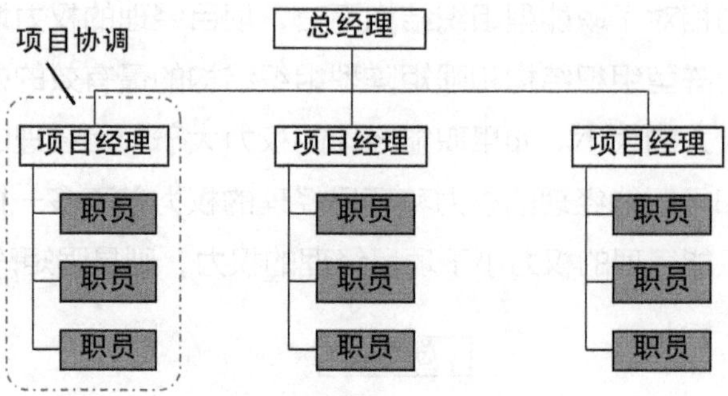

图 2-8 项目型项目组织结构

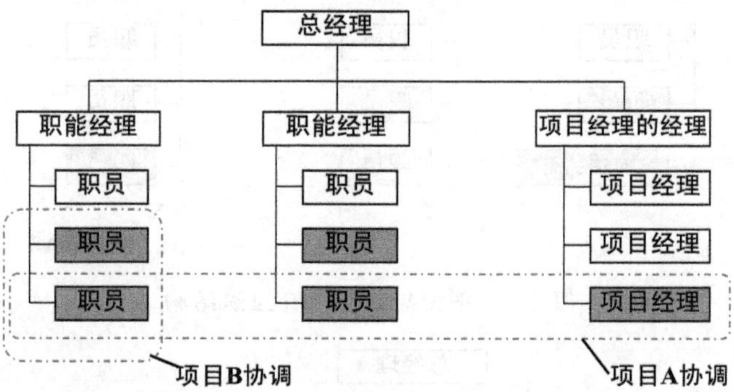

图 2-9 混合型项目组织结构

张成功正准备请教李全才如何选用他所负责的这个项目的组织结构时，李全才翻到组织项目结构图的背面，示意要张成功自己先看看这两个表格（见表 2-5 和表 2-6）。

表 2-5 项目组织结构与项目特点之间的关系

项目特点	职能型	弱矩阵型	强矩阵型	项目型
不确定性	低	中等	高	高
技术	标准技术	标准技术	复杂技术	新技术
复杂性	低	低	中等	高
项目周期	短	中等	中等	长
规模	小	小	中等	大
重要性	低	中等	中等	高
相互依赖	低	中等	中等	高
时间紧迫性	低	中等	中等	高

表 2-6 项目组织结构与项目元素之间的关系

组织结构 / 项目元素	职能型	矩阵型			项目型
		弱矩阵	平衡矩阵	强矩阵	
项目经理权力	很小或没有	有限	小至中等	中等至高	高至全权
资源可用性	很小或没有	有限	小至中等	中等至高	高至全权
谁控制项目预算	职能经理	职能经理	混合	项目经理	项目经理
项目经理角色	兼职	兼职	全职	全职	全职
项目经理的头衔	促进者 / 协调者	促进者 / 协调者	项目经理	项目经理	项目经理
项目管理行政人员	兼职	兼职	兼职	全职	全职

张成功看完这两张表格后，李全才说，你回去先分析分析你所负责的这个项目的特点，然后再决定选用哪一种组织结构吧。

为了让张成功更深刻地理解每种组织结构的优缺点，李全才打开自己的博客，和张成功分享了他的一篇博文《项目组织结构的优缺点分析》。

（1）职能型组织机构。优点：一个老板，直线沟通；责权清晰，反应迅速；有一个“家”，智慧中心，利于成员发展。缺点：部门冲突，沟通不畅；部门优先，项目驱动力较低，缺少项目文化。

（2）矩阵型组织结构。优点：项目经理负责制，项目目标明确；职能部门是项目成员的“家”；能最大限度地利用公司的稀有资源，避免浪费；问题可以在广泛的意见基础上解决。缺点：一个员工，两个老板；复杂，混乱，冲突；决策周期长；需要良好的企业文化和系统来支撑。

（3）项目型组织结构。优点：项目经理拥有相当的权力和独立性；项目团队成员可以集中办公[1]；沟通效率高，项目决策快；成员对项目高度忠诚。缺点：项目完成后项目成员没有“家”，团队成员缺乏职业规划，没有智慧中心；公司资源利用率不高，存在浪费。

张成功心里暗自佩服：李全才工作这么忙，还能坚持写博客，真了不起。他把李全才的博客地址认真地抄了下来，准备以后随时学习。

讲到这里，李全才说：“今天我们就先交流到这里吧，你是第一次接触 IT 项目管理

[1] 集中办公是指项目组成员在同一个办公场所上班，这种工作方式有利于成员之间的沟通和交流。有些项目管理专业图书上，也把“集中办公”称为“集同”“作战室”或“紧密型矩阵”。

知识体系，回去后还需要慢慢多消化。我这里还有一本《IT 项目管理》[1]，你先拿去看吧。”

张成功拿着李全才借给自己的《IT 项目管理》，意犹未尽地离开了李全才的办公室。李全才把张成功送出自己的办公室，意味深长地说：“成功，我再送给你一句话——心态比理念更重要，理念比方法更重要，方法比工具更重要，工具比努力更重要。祝你好运、祝你成功！”

“心态比理念更重要，理念比方法更重要，方法比工具更重要、工具比努力更重要。”张成功若有所思，他细细地品味着这句话的含义，揣摩着自己应该如何做好项目管理工作。

后来，张成功总喜欢打开李全才的博客学习，其中两篇博文《新晋管理者的十大行为误区》和《项目经理的心智成长》，在张成功日后项目管理的工作和学习成长中起了不错的指导作用。

《新晋管理者的十大行为误区》这篇文章的内容如下。

管理者的十大行为误区是。

（1）喜欢做自己擅长的工作而不是应该做的工作。

（2）习惯于依靠自己的个人努力，而不是通过自己所带领的团队去完成任务。

（3）事必躬亲，不善于授权和委派下属工作。

（4）没有工作目标。

（5）没有可行的工作计划。

（6）忙于救火而缺乏对救火现象原因的分析和改善行动。

（7）不善于建立有效的工作程序和工作团队。

（8）监督控制缺失或监督控制不到位。

（9）没有把自己定位成一个很重要的人力资源管理的角色。

（10）过分依赖自己过往的工作经验而不是用系统的管理方法来管理下属工作。

《项目经理的心智成长》这篇文章的内容如下。

要成为合格甚至是优秀的项目经理，需要经过一段时间的“历练”，这段时间的长短，在很大程度上取决于项目经理的“悟性”和“努力程度”。项目经理需要从“全面考虑问题”“把握轻重缓急”“平衡各方期望”“冷静对待异议”“善于承担压力”和“不计个人得失”6个方面打磨自己，实现“心智晋级”。

[1] 该书由（美）施瓦尔贝著，杨坤，王玉译，机械工业出版社，2011 年 1 月出版。

项目经理心智成长模型（见图 2-10）所表达的基本含义是：一个刚刚走上项目经理岗位的人员（我们姑且称之为“初级项目经理”），一般可能只具备“全面考虑问题”“把握轻重缓急”“平衡各方期望”3 个特质中的一个或两个；随着在工作中的不断“历练”，项目经理逐渐具备了“全面考虑问题”“把握轻重缓急”“平衡各方期望”这 3 个特质，成为了合格或是中级项目经理；随着工作经验的日趋丰富和自我的不断成长，项目经理慢慢地又具备了“冷静对待异议”“善于承担压力”和“不计个人得失”这 3 个特质，成为了优秀或者是高级项目经理。在高级项目经理的基础之上，经过一段时间的历练，达到更高层次的水平，就可以晋级为资深项目经理了。

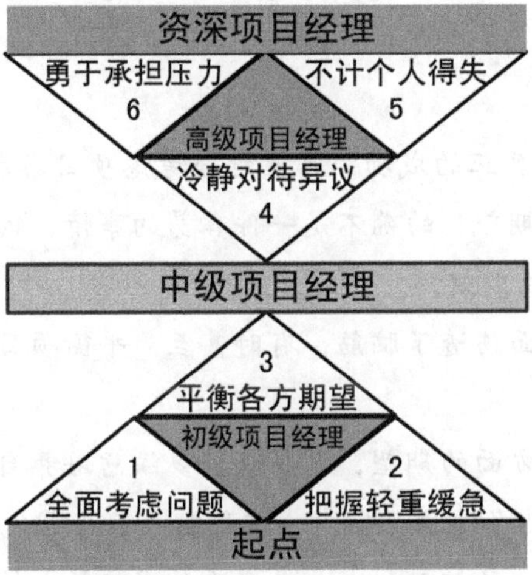

图 2-10　项目经理心智成长模型

以下分别对这 6 个方面进行阐释。

（1）全面考虑问题。

我们知道，一个项目牵涉的面非常广，如果不能从全局或全面的视角去分析和把控，“只见树木不见森林”甚至是“瞎子摸象”，则顾此失彼，其结果无疑会导致项目失败。

作为一个项目经理，最起码的综合能力应该就是能全面考虑问题。一般来讲，能被委任项目经理职位的人员，都有一定的项目工作经验（一些很不正规的“作坊式”企业除外），并且大多是项目团队中的佼佼者，因此一般都有一定的全面看待问题的意识和能力。

当然，看待事物的广度、深度和高度并不能在短时间内“炉火纯青”，它需要我们在项目的实践过程中不断加强。

（2）把握轻重缓急。

“兵来将挡，水来土掩”，是用来形容项目经理处理问题的胆识、能力和气魄的，但这决不是“不分轻重缓急”的代名词。

项目，特别是中大型项目，需要项目经理关注的事情很多，如果项目经理没有把握轻重缓急的意识和素养，而是“按部就班”地处理身边之事，则事情不但永远干不完，而且一定会“捡了芝麻丢了西瓜”。

好在“80/20 原则”已经众所周知、深入人心，懂得优先处理“紧急且重要”和“重要但不紧急”的事情的人越来越多；但真要达到“无意识习惯性行为”的程度，并非每个项目经理都能做到。

（3）平衡各方期望。

一个项目能否称之为真正的成功，需要综合考虑项目各相关方的感受和接受程度。要能做到平衡项目各方的期望，的确不是一件容易的事情，因为“屁股决定脑袋”的现实让不同群体有不同的利益期望。

项目经理往往在这方面伤透了脑筋，有时甚至为平衡项目团队成员内部的利益而弄得焦头烂额。

要较好地做到平衡各方面的期望，需要我们多注意培养自己的人际处理能力并时刻从项目目标的高度综合考虑各方面的需求，这种能力不可能一蹴而就。当然，“平衡”期望决不是“平均”期望，项目核心利害关系者（如用户等）的期望是我们需要优先并重点考虑的。

（4）冷静对待异议。

“冷静对待不同意见”这一点说起来容易做起来难，因为人的本性决定了人很难控制自己的情绪，甚至不经意地就会让自己“激动起来”。

能否冷静对待来自项目各方面的意见并采用理智的方式接收和处理，是对项目经理人格魅力的考验，需要通过不断打磨自我才能逐步养成。

这里谈到的冷静对待异议很重要的一方面是包括了冷静对待用户提出的需求或要求（我们感到棘手的）。其实我们需要明白这样一个道理：“用户的要求不一定都是用户的需求。”如果我们能冷静地聆听用户表达自己的需求并采用“有理有利有节”的方式来对待和处理，这样我们可能会“事半功倍”（那些不是用户的“需求”而只是用户“要求”部分，我们可以不做），但用户的满意度可能会很高。

（5）善于承担压力。

项目经理是联系用户和公司的桥梁，是项目的第一责任人，因此来自项目成本、进度、质量、人力资源等方面的压力不可谓不大。有些项目经理不敢面对压力，更不善于承担压力，困难一旦来临，则畏缩不前，结果不但自己无法成功，项目也因此失败。

作为项目经理，需要培养自己敢于和善于承担压力的素养。在压力面前，具有良好的韧性，不但不会被压力所压倒，反而可以利用压力的反弹力量来推进项目成功的人，是优秀项目经理中的典型代表。

（6）不计个人得失。

在物欲横流的现实环境中，能做到对个人得失坦然面对确实不容易。但身为项目经理，要有一种豁达的胸怀，在个人利益上绝不能和下属争名夺利，否则团队凝聚力将不复存在，结果也就可想而知了。

项目的成功意味着项目经理的成功，项目团队的成功意味着项目经理的成功，反之不成立。明智的项目经理往往深谙此道，他们会从大处着眼，在个人利益上不患得患失，放眼长远，为项目、为团队成员多付出一点。那些不以获得个人回报为目的的项目经理，往往会获得更多。

本节内容精要

- 资深项目经理李全才给张成功详细讲解了 4 种项目组织结构的特点、优缺点和适用场合。
- 资深项目经理李全才提醒张成功：心态比理念更重要，理念比方法更重要，方法比工具更重要，工具比努力更重要。
- 张成功学习了李全才的博文《新晋管理者的十大行为误区》和《项目经理的心智成长》（项目经理的心智包括 6 个方面的特质："全面考虑问题""把握轻重缓急""平衡各方期望""冷静对待异议""善于承担压力"和"不计个人得失"），很受启发。

第三章

万事开头难

源起：从“此”开始

张成功如饥似渴地把李全才给自己分享的 IT 项目管理知识体系框架连夜复习了一遍，对项目管理知识体系总算有了一个基本的认识。

不过，他对如何启动项目工作还是没有头绪，昨天本想请教李全才关于“项目章程”“项目合同”“项目启动通知”和“项目任务书”这 4 份文件的作用，却因为听李全才讲解 IT 项目管理知识体系框架而忘了问。

真是万事开头难啊。为了在尽量少走弯路的情况下尽快开展项目工作，第二天一上班，张成功就打了一个电话给李全才：“李经理，您好，我是张成功。关于项目管理，我还想请教您一个问题，不知您什么时候有时间？”

李全才看了看自己当日的工作计划，说：“今天下午两点，你来找我吧。不过，我只能安排出 1 小时的时间。”

太好了。张成功挂断电话，开始准备材料，以便下午能充分地利用好这 1 小时与资深项目经理李全才的见面时间。

下午两点钟一到，张成功就带着他准备好的资料，迫不及待地敲开了李全才办公室的门。

李全才笑着说：“我知道你昨天过来，是想问公司项目合同管理部和邹经理发给你的关于项目章程、项目合同、项目启动通知和项目任务书这 4 份文件的作用的。我昨天之所以没有和你讲，是因为我认为你需要先了解 IT 项目管理知识体系框架，这样才更容易理解这 4 份文件的作用。”

张成功被李全才敏锐的洞察力折服了。

李全才拿出《IT 项目管理宝典》，把书翻开，指着“制定项目章程过程”的输入、工具与技术及输出图（见图 3-1）。

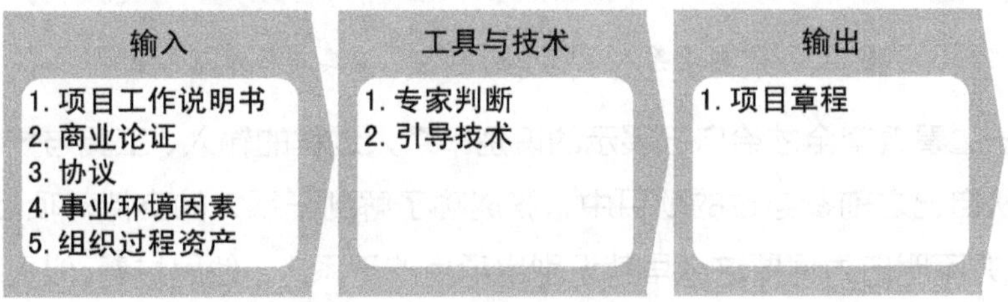

图 3-1　制定项目章程过程中的输入、工具与技术及输出

这个过程的输出是“项目章程”[1]，项目章程两个最重要的作用是：（1）项目章程的发布标志着项目正式诞生了；（2）正式授权项目经理动用组织资源开展项目工作。也就是说，项目章程一旦发布，就标志着项目诞生了，项目经理被任命了。关于这个过程的详细内容，你回去再慢慢熟悉。

张成功如梦初醒，他急忙翻出公司项目合同管理部发给自己的项目章程，这两个重要信息跃然纸上（“项目章程”上“项目名称”和“项目经理”这两个信息已表达得非常清楚）。

这时，李全才接着说，“项目合同”是你开展项目的原始依据文件，你以后会经常用到它，合同上列出了项目的主要目标和主要建设内容，你一定要注意采用“以终为始”的工作理念来开展项目工作，即围绕合同来开展项目建设工作。“项目启动通知”是公司流程中的要求，它由公司项目合同管理部发布，标志着这个项目已经具备了执行的商务条件。“项目任务书”也是公司流程中的要求，它由工程部门经理发布，标志着你的上司认为工程条件已基本具备，你可以组织开展项目建设工作了，同时，该文件中提到

[1] 项目章程由项目发起人或委托人签发，是正式批准项目成立的文件。

的一些约束和限制条件，也是项目开展过程中需要注意和遵守的。

张成功明白了这 4 份文件的作用，心里的一块石头终于落了地，他非常高兴。

李全才整了整办公桌上的资料，补充说："成功，你还需要尽快分析出这个项目的项目干系人[1]，特别是项目的主要干系人，项目干系人识别得越早越好（见图 3-2），这样对你开展项目更加有利。"

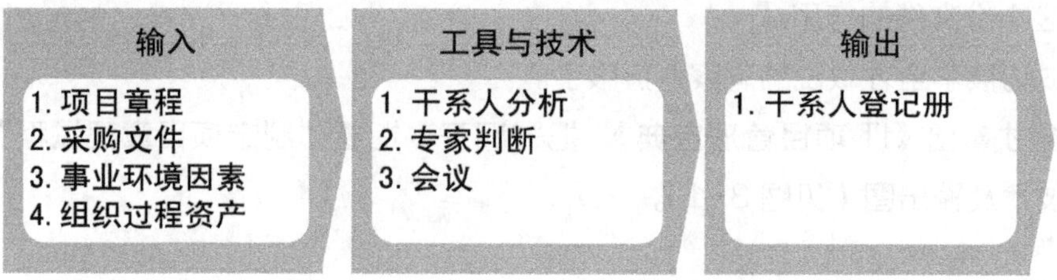

图 3-2 识别干系人过程中的输入、工具与技术及输出

张成功一边看着李全才给自己展示的识别干系人过程的输入、工具与技术及输出图，一边思考。从自己之前参与过的项目中，张成功了解到干系人的支持对项目取得成功的重要作用，但并不明白为何要这么早就识别出项目的干系人。他思忖着，似乎明白了答案：只有尽早识别出项目干系人，才能提前实施干系人管理策略，让干系人满意，争取干系人对项目的支持，从而保证项目的成功。

张成功就自己领悟到的，尽早识别干系人的好处向李全才进行了确认，李全才点了点头，默认了张成功的理解。

此时，李全才看了看表，已是下午 2 点 55 分，李全才示意张成功时间已到。

张成功本来还想问问其他的问题，看到李全才给自己示意，也只好作罢。临走时，张成功对李全才说："李经理，我根据您昨天和我讲的知识，结合该项目的特点，我准备向公司申请选用强矩阵型项目组织结构，您认为怎样？"

李全才翻阅了一遍合同，又看了张成功提供的"项目特点及实施要求分析报告"（见表 3-1，这个报告是张成功根据需要自行增加的，公司并没有要求提交此报告），默认了张成功的选择，并目送张成功离开了自己的办公室。

[1] 项目干系人是指影响项目的人或组织和受项目所影响的人或组织。

表 3-1 “项目特点及实施要求分析报告”模板

项目特点及实施要求分析报告	
项目基本信息	
项目名称：	
客户名称：	
项目经理：	
项目特点及实施要求	
项目特点	
合同中的主要条款要求	
公司对该项目的总体要求	
部门对该项目的基本要求	
项目特点及实施要求分析	
项目复杂程度	
项目不确定性程度	
项目进度紧迫性程度	
项目综合难度	
项目组织结构及选择依据	
项目组织结构	
项目组织结构的选择依据	

此时刚好是下午 3 点整，李全才把之前复印好的“干系人权力 / 利益方格”图（见图 3-3）顺便给了张成功，示意张成功回去琢磨将如何在项目中使用它。

本节内容精要

- ◆ 资深项目经理李全才给张成功讲解了 IT 项目管理知识体系中“制定项目章程”这一过程的作用。
- ◆ 资深项目经理李全才给张成功详细讲解了“项目章程”“项目合同”“项目启动通知”和“项目任务书”这 4 份文件的作用。
- ◆ 张成功根据项目特点决定选用强矩阵型项目组织结构。

干系人，您在哪里

回到自己的办公室，张成功认真阅读了《IT 项目管理》一书的相关章节，依据自己的理解和之前的经验，在公司相关模板的基础上，做了必要调整，设计出了自己将要用到的“干系人登记册”和“干系人分析矩阵”（见表 3-2 和表 3-3）。

表 3-2 “干系人登记册”模板

<table>
<tr><th colspan="8">干系人登记册</th></tr>
<tr><th colspan="3">基本信息</th><th colspan="3">评估信息</th><th colspan="2">干系人分类</th></tr>
<tr><td>姓名</td><td>职位</td><td>项目中的角色</td><td>主要需求</td><td>对项目的影响</td><td>与项目哪个阶段密切相关</td><td>干系人分类</td><td>对项目的影响</td></tr>
<tr><td></td><td></td><td></td><td></td><td></td><td></td><td>内部 / 外部</td><td>领导 / 支持 / 中立 / 抵制</td></tr>
<tr><td></td><td></td><td></td><td></td><td></td><td></td><td></td><td></td></tr>
<tr><td></td><td></td><td></td><td></td><td></td><td></td><td></td><td></td></tr>
<tr><td></td><td></td><td></td><td></td><td></td><td></td><td></td><td></td></tr>
<tr><td></td><td></td><td></td><td></td><td></td><td></td><td></td><td></td></tr>
<tr><td></td><td></td><td></td><td></td><td></td><td></td><td></td><td></td></tr>
<tr><td></td><td></td><td></td><td></td><td></td><td></td><td></td><td></td></tr>
<tr><td></td><td></td><td></td><td></td><td></td><td></td><td></td><td></td></tr>
</table>

张成功知道，这两个表是以后进行干系人管理时的重要文件。

张成功同时也非常清楚，尽管有必要尽可能识别出项目的所有干系人，但现在要做到这一点，是不现实的，他认真翻阅了目前已有的文件，列出了该项目的主要干系人，并把这些主要干系人录入“干系人登记册”中。他想，等项目团队成立了，再集思广益，发动大家一起采用“头脑风暴[1]”和“专家判断[2]”等工具进行识别和分析；同时，在项目进展的过程中，随时修正这两个表格。

1 头脑风暴是集思广益的一种方法，其特点是与会人员可以非常自由地各抒己见，任何人不能对发言者的观点进行正确与否的评判，也不能随意打断发言者的发言。

2 专家是指组织内部或项目中具有类似项目工作经验的人；专家判断这一工具有两个重要特点：（1）与会专家独立判断，（2）与会专家要一致同意最终的结论。

表 3-3 "干系人分析矩阵"模板

干系人分析矩阵			
干系人	干系人在项目中的利益	影响评估	获得支持或减少障碍的潜在策略

如何管理干系人？这是张成功将来必须面对的问题，看着李全才给自己画的"干系人权力 / 利益方格"（见图 3-3），张成功明白了一个道理："80/20 原则同样适合项目干系人管理：将来一定要把 80% 的精力用来管理 20% 的关键干系人！"[1]

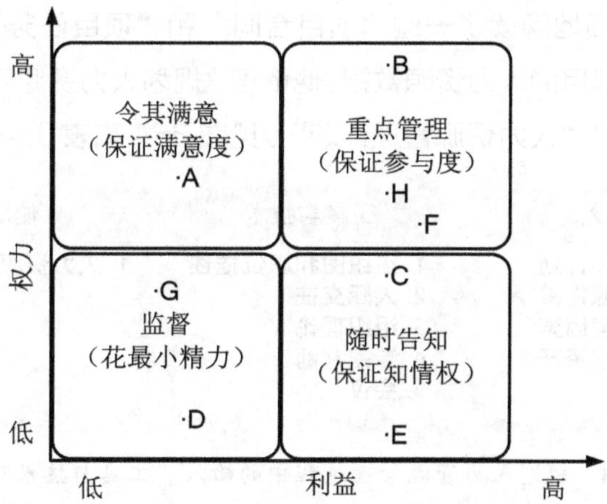

图 3-3 干系人权力 / 利益方格

1 项目完工后，张成功进行了数据统计，发现在管理干系人方面，用于管理"权力高 / 利益高"的干系人大约花了 50% 的时间；用于管理"权力高 / 利益低"的干系人大约花了 30% 的时间；用于管理"权力低 / 利益高"的干系人大约花了 15% 的时间；用于管理"权力低 / 利益低"的干系人大约花了 5% 的时间。

本节内容精要

- 张成功根据 IT 项目管理知识体系中“识别干系人”过程的指导制作了“干系人登记册”和“干系人分析矩阵”，并进行了干系人的初步识别。
- 张成功认为资深项目经理李全才跟自己分享的“干系人权力 / 利益方格”这一工具非常有用。

初步规划：奠定项目启动条件

张成功知道，要能顺利地开展项目建设工作，在项目工作正式全面铺开之前，一定要就项目的主要目标、建设思路、项目初步建设计划、基本分工等问题，在项目主要干系人之间达成共识。

张成功根据之前在李全才身边的工作经验，依据“项目合同”中的要求和他所了解到的实际情况，画了一张粗略的“项目管理计划”表格，大致分了分项目的阶段和每个阶段的时长，作为后续工作的基础。

接下来要干什么？张成功这时非常清楚，要制订人力资源管理计划，这是之前李全才告诉过自己的：巧妇也只能为有米之炊！

张成功又一次仔细地阅读了一遍“项目合同”和“项目任务书”，参考了公司组织过程资产中以往类似项目的人力资源数据，他依据“规划人力资源管理”过程的相关要求，制订出了该项目初步的“人力资源管理计划”（见图 3-4 和表 3-4）。

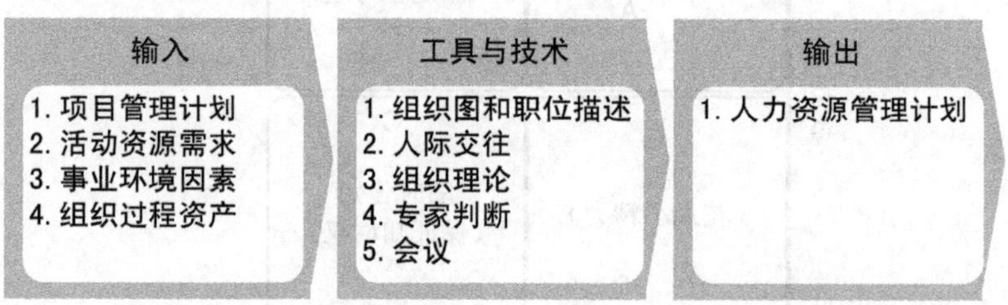

图 3-4　规划人力资源管理过程中的输入、工具与技术及输出

张成功这次主要采用的工具是“组织图与职位描述[1]”。张成功非常明白，由于现在还不清楚项目的具体需求，所以这个“项目人力资源管理计划”只是初步的，后续还需

[1] 组织机构图主要有三种表达形式：层级型组织机构图、矩阵型职责图和文本型格式。张成功采用的是层级型组织机构图。

要进一步调整和完善。张成功把计划打印了出来，敲开了部门经理邹百通办公室的门。

表 3-4 “项目人力资源管理计划”模板

项目人力资源管理计划						
版本号	编写人	评审时间	审批人	发布时间	发布说明	
项目名称						
项目人力资源需求						
角色名称	学历、能力、专业知识要求	职责	职权	人数	进入项目组时间	离开项目组时间

得到邹经理同意后，张成功信步走进了邹百通经理的办公室。张成功向邹经理汇报了他对该项目的建设工作的初步设想和对项目人力资源需求的初步计划，邹经理笑容满面地听完张成功的工作汇报后，和蔼可亲地说：“成功，公司有意培养你，这是一次很好的自我锻炼的机会，也希望你能把握好这个机会。关于人力资源配置的问题，你刚才也解释了，现在只是初步计划。这样，我先给你配备做详细项目管理计划及各子计划的成员，在后续工作开展的过程中，再根据详细项目管理计划和实际情况安排合适的资源给你。”

这次，邹经理给张成功配备了需求调研负责人董胥俅、设计和开发负责人（即开发经理）习开花、配置管理员全沛致，另外还有质量保证工程师苏宝政（苏宝政是邹百通请公司过程质量部安排的)、测试负责人(即测试经理)艾策饰(艾策饰是邹百通请公司软件测试部安排的),这几个人都具有比较丰富的实际工作经验,张成功对邹经理给予的支持非常满意。

张成功向董胥俫推荐了李全才上次执行的那个项目的需求调研计划模板,让董胥俫根据模板负责编制本项目的“项目需求调研计划”,模板格式如下(见表 3-5)。

表 3-5 “项目需求调研计划”模板

<table>
<tr><th colspan="7">项目需求调研计划</th></tr>
<tr><td>版本号</td><td>编写人</td><td>评审时间</td><td>审批人</td><td>发布时间</td><td colspan="2">发布说明</td></tr>
<tr><td></td><td></td><td></td><td></td><td></td><td colspan="2"></td></tr>
<tr><td></td><td></td><td></td><td></td><td></td><td colspan="2"></td></tr>
<tr><td></td><td></td><td></td><td></td><td></td><td colspan="2"></td></tr>
<tr><td></td><td></td><td></td><td></td><td></td><td colspan="2"></td></tr>
<tr><td></td><td></td><td></td><td></td><td></td><td colspan="2"></td></tr>
<tr><td colspan="2">项目名称</td><td colspan="5"></td></tr>
<tr><td rowspan="3">项目建设方信息</td><td>项目建设方</td><td colspan="5"></td></tr>
<tr><td rowspan="2">建设方负责人</td><td rowspan="2"></td><td>电话</td><td></td><td>手机</td><td></td></tr>
<tr><td>传真</td><td></td><td>E-mail</td><td></td></tr>
<tr><td rowspan="4">项目承建方信息</td><td>项目经理</td><td colspan="2"></td><td colspan="2">联系方式:</td><td></td></tr>
<tr><td rowspan="2">需求调研负责人</td><td rowspan="2"></td><td>电话</td><td></td><td>手机</td><td></td></tr>
<tr><td>传真</td><td></td><td>E-mail</td><td></td></tr>
<tr><td>需求调研人员</td><td colspan="5"></td></tr>
<tr><th colspan="7">需求调研日程安排</th></tr>
<tr><td>序号</td><td>调研内容</td><td>预计开始日期</td><td>预计结束日期</td><td>调研方式</td><td>需求调研人员</td><td>需要建设方配合的内容</td></tr>
<tr><td></td><td></td><td></td><td></td><td></td><td></td><td></td></tr>
<tr><td></td><td></td><td></td><td></td><td></td><td></td><td></td></tr>
<tr><td></td><td></td><td></td><td></td><td></td><td></td><td></td></tr>
<tr><td></td><td></td><td></td><td></td><td></td><td></td><td></td></tr>
<tr><td></td><td></td><td></td><td></td><td></td><td></td><td></td></tr>
<tr><td colspan="7">建设方意见

签字:　　　　　　日期:</td></tr>
</table>

开发经理刁开花采用如下模板，根据合同要求和项目的招投标文件，初步规划了项目阶段、项目里程碑和项目产出物（见表 3-6）。

表 3-6 “项目设计和开发计划”模板

项目设计和开发计划					
版本号	编写人	评审时间	审批人	发布时间	发布说明
项目名称					

项目阶段			
序号	阶段名称	预计开始日期	预计结束日期

项目里程碑					
序号	里程牌	主要工作内容	预计开始日期	预计结束日期	所需人力资源

项目产出物			
序号	产出物名称	作用	产出时间

项目设计和开发日程（注：此部分内容在详细计划时再制定，可以采用专业工具，如 Project 进行绘制）					
序号	工作内容	预计开始日期	预计结束日期	责任人	阈值

配置管理员全沛致根据习开花制定的“项目设计和开发计划”(初步)文件，制订了“项目初步配置管理计划”，采用的模板如下（见表 3-7）。

表 3-7 “项目配置管理计划”模板

<table>
<tr><th colspan="7">项目配置管理计划</th></tr>
<tr><td>版本号</td><td colspan="2">编写人</td><td>评审时间</td><td>审批人</td><td>发布时间</td><td>发布说明</td></tr>
<tr><td></td><td colspan="2"></td><td></td><td></td><td></td><td></td></tr>
<tr><td></td><td colspan="2"></td><td></td><td></td><td></td><td></td></tr>
<tr><td></td><td colspan="2"></td><td></td><td></td><td></td><td></td></tr>
<tr><td></td><td colspan="2"></td><td></td><td></td><td></td><td></td></tr>
<tr><td colspan="4">项目名称</td><td colspan="3"></td></tr>
<tr><th colspan="7">项目配置管理</th></tr>
<tr><td>序号</td><td>配置项名称</td><td>配置项 ID</td><td>配置项格式</td><td>预计配置项生成时间</td><td>配置责任人</td><td>配置项存储位置</td></tr>
<tr><td></td><td></td><td></td><td></td><td></td><td></td><td></td></tr>
<tr><td></td><td></td><td></td><td></td><td></td><td></td><td></td></tr>
<tr><td></td><td></td><td></td><td></td><td></td><td></td><td></td></tr>
<tr><td></td><td></td><td></td><td></td><td></td><td></td><td></td></tr>
<tr><td></td><td></td><td></td><td></td><td></td><td></td><td></td></tr>
<tr><td></td><td></td><td></td><td></td><td></td><td></td><td></td></tr>
<tr><td></td><td></td><td></td><td></td><td></td><td></td><td></td></tr>
<tr><td></td><td></td><td></td><td></td><td></td><td></td><td></td></tr>
<tr><td></td><td></td><td></td><td></td><td></td><td></td><td></td></tr>
<tr><td></td><td></td><td></td><td></td><td></td><td></td><td></td></tr>
<tr><td colspan="7">配置项变更流程</td></tr>
<tr><td colspan="7">产品发布流程</td></tr>
</table>

质量保证工程师苏宝政和测试经理艾策饰配合项目经理张成功制订了“项目质量管理计划”（初步）（见图 3-5），所采用的模板如下（见表 3-8）。

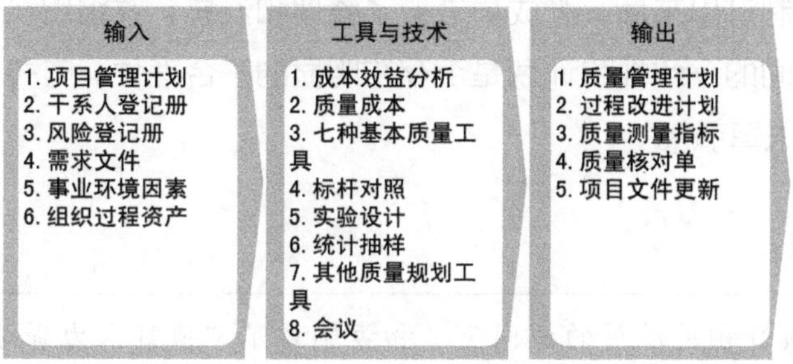

图 3-5　规划质量管理过程中的输入、工具与技术及输出

表 3-8　“项目质量管理计划”模板

项目质量管理计划					
版本号	编写人	评审时间	审批人	发布时间	发布说明
项目名称					
本项目采用的主要质量政策 注：明确本项目采用的主要质量政策（哪些是公司统一要求的，哪些是项目特别要求的）					
项目主要产出物的质量标准 注：明确各主要（核心）产出物的质量标准，作为后续跟踪和验收的依据					
项目质量保证措施 注：明确通过什么方法和措施来进行项目质量保证工作					
项目质量控制措施 注意：明确通过什么方法和措施来进行项目质量控制工作					
本项目对公司过程改进的贡献 注：明确通过什么方式对公司过程改进提供贡献					
质量管理计划的落实 注：明确执行质量管理计划所需要的资源及其职责					

在制订“项目质量管理计划（初步）”时，张成功、苏宝政和艾策饰主要采用的是“标杆对照[1]”这一方法。

上述初步计划制订出来后，张成功进行了整理和汇总，并组织了一次简单评审（主要是核查子计划之间的一致性和计划是否存在明显的不合理性。有关如何进行评审，请读者参阅第六章相关章节）。

本节内容精要

- 张成功在项目相关成员的协同下，初步制订了“项目人力资源管理计划”“项目需求调研计划”“项目设计和开发计划”“项目配置管理计划”和“项目质量管理计划”。
- 张成功整合了“项目人力资源管理计划”“项目需求调研计划”“项目设计和开发计划”“项目配置管理计划”和“项目质量管理计划”这5个子计划，并组织了评审。

“启动”，想说爱你不容易

“启动”，想说爱你不容易。项目初步计划完成后，张成功总算舒了一口气，他根据公司流程要求，召开了项目内、外部启动会议。在召开项目内、外部启动会议之前，他采用PPT的形式制作了项目内、外部启动会议文稿。

项目内部启动会议文稿主要包括以下内容。

（1）项目背景。

（2）项目范围、边界。

（3）项目目标、约束条件、预期成果。

（4）项目总体规划（包括建设思路、计划）。

（5）项目主要干系方及负责人、协调人。

（6）项目团队及各自职责、工作内容。

（7）项目风险及其应对策略（包括内、外部风险）。

（8）近期工作安排。

[1] 所谓标杆对照，是将实际或规划中的项目实践与可比项目的实践进行对照，以便识别出最佳实践，供本项目使用。

项目外部启动会议文稿主要包括以下内容。

（1）项目背景。

（2）项目范围、边界。

（3）项目目标、约束条件、预期成果。

（4）项目总体规划（包括建设思路、计划）。

（5）项目主要干系方及负责人、协调人。

（6）项目风险及其应对策略（侧重外部风险）。

（7）项目工作协议（项目主要干系方职责、权力和义务）。

（8）近期工作安排。

张成功首先召开了项目内部启动会议，他邀请了公司相关领导和项目团队主要成员参加了该会议，达到了如下两个目的。

（1）让项目团队主要成员对该项目的整体情况和各自的工作职责有一个清晰的认识和了解。

（2）获得了相关领导对项目资源的承诺。

然后，他根据内部启动会议时大家提出的意见和建议，修改了项目外部启动会议文稿，召开了由项目建设方相关领导、项目监理工程师、项目承建方相关领导和项目团队核心成员参加的项目外部启动会议，达到了如下 3 个目的。

（1）让项目建设方、监理方等项目主要干系方对该项目的整体情况和建设思路有一个清晰的认识和了解。

（2）让项目各主要干系方清楚各自的职责、权力和义务。

（3）让项目建设方承诺给予团队其所需要的支持和配合。

本节内容精要

- 张成功组织召开了项目内、外部启动会议。
- 张成功总结了项目内、外部启动会议文稿所需要的内容以及项目内、外部启动会议所达到的目的。

第四章

详细规划是成功的基石

明确需求是项目建设之本

项目外部启动会议成功召开后的第二天早上一上班，张成功就迫不及待地敲开了部门经理邹百通的办公室。邹经理知道张成功是需要自己给他安排需求调研人员，张成功的这一需要早已在邹经理的掌握之中。

邹经理对张成功说："成功，根据你的'项目需求调研计划'，共需要 4 个需求调研人员，董胥俅是需求调研负责人了，我认为小 A、小 B 和小 C 比较适合你提出的要求，你认为怎样？"

张成功对小 A、小 B 和小 C 的能力比较熟悉，认为他们三人的能力基本满足本项目的要求，于是就同意了邹经理的人员分派。这时，邹经理通过办公电话把董胥俅、小 A、小 B 和小 C 请到了自己的办公室，向四位简单地介绍了一下接下来的工作安排。

张成功做了一个简单的动员和发言。张成功让需求调研负责人董胥俅向另外三位需求调研人员介绍了一下项目的背景和参与该项目的意义以及大家由此可以获得的个人成长和进步，小 A、小 B 和小 C 愉快地接受了部门经理的工作安排和张成功、董胥俫的合作邀请。

张成功回到自己的办公室，给董胥俫、小 A、小 B 和小 C 发了一封电子邮件，通知并欢迎他们加入自己负责的这个国内某省全省大集中电子政务行政办公系统建设项目，并告诉他们明天上午 9 点在公司 1-1 会议室开一个短会，沟通并确定进行项目需求调研的具体事项。与本邮件一同发送的，还有张成功整理出来的关于该项目的基本建设任务和董胥俫负责制订的“项目需求调研计划”。

在邮件的最后，张成功写道：“请大家先看看邮件中的附件材料，熟悉一下项目的基本建设内容，明天讨论时就更有针对性。”

为了使第二天需求调研如何开展的讨论会议更有实效性，张成功回到家里，吃完晚饭，他上网搜索并阅读了一些 IT 项目范围管理知识领域方面特别是“如何有效收集和管理需求”的相关文章。因为张成功知道，需求调研的质量是项目建设最重要的一环；需求是“万恶之源”，但如果需求研究和管理得好，需求也是“万善之源”；对信息系统项目来说，尤其如此（见图 4-1 和图 4-2）。

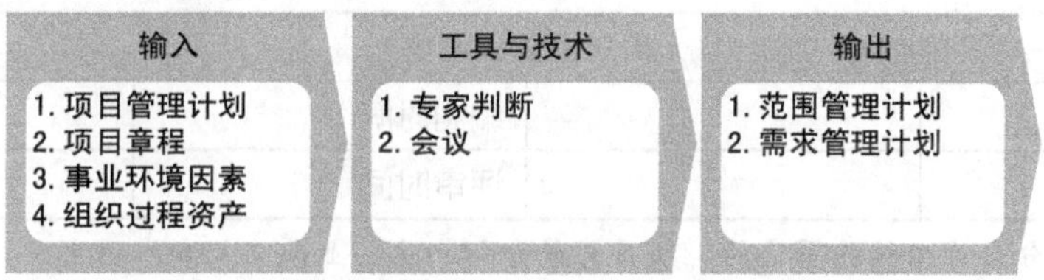

图 4-1　规划范围管理过程[1]的输入、工具与技术及输出

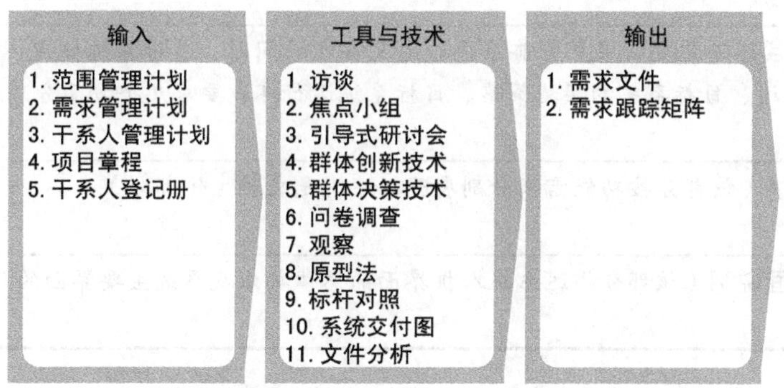

图 4-2　收集需求过程的输入、工具与技术及输出

1　可以把“范围管理计划”中的内容融入到如“项目配置管理计划”“项目验收计划”和“项目管理计划”之中，也可以把“需求管理计划”中的内容融入到如“项目需求调研计划”“项目配置管理计划”“需求跟踪矩阵”和“项目管理计划”之中，而不单独编制。

张成功阅读着关于如何收集信息系统需求的相关文章，结合自己的实际经验，他认为这个项目的需求调研可以根据不同子系统的建设任务，采用访谈[1]、焦点小组[2]、引导式研讨会[3]、问卷调查、原型法等多种方式结合协同进行。

由于大家都准备得比较充分，第二天的会议如期举行，大家集思广益，会议上提出了很多很好的建设性意见，最后张成功把大家的建议汇总了起来，让董胥俅进一步完善了“项目需求调研计划”。“项目需求调研计划”经过评审和审批后，提交给了项目建设方负责人（即项目建设方项目经理郝樌枋），项目建设方项目经理郝樌枋认可了该计划。于是，董胥俅根据此计划，组织大家完成了第一次的需求调研工作。不过，本次需求调研的历时比原计划多花了 3 天时间，中间也出现了一些问题；还好，在各方的共同努力下，出现的问题都被一一解决；项目组编制的“用户需求说明书”通过评审后，也得到了用户的认可和签字，可以作为后续设计和开发工作的基线。

以下是张成功项目组使用的“用户需求说明书”的模板（见表 4-1）。

表 4-1 “用户需求说明书”[4] 模板

<table>
<tr><th colspan="4">用户需求说明书</th></tr>
<tr><td>编制人</td><td></td><td>编制时间</td><td></td></tr>
<tr><td>评审人</td><td></td><td>评审时间</td><td></td></tr>
<tr><td colspan="4">1. 引言（该部分分为文档编写目的、项目背景介绍、主要业务名词和术语定义、参考文献、文档阅读者几个方面分别进行描述）</td></tr>
<tr><td colspan="4">2. 需求概述（该部分需要从用户当前系统概述及存在的问题、目标系统概述、系统建设边界、系统功能模型概述、目标系统的实施策略、目标系统运行环境要求几个方面分别进行描述）</td></tr>
<tr><td colspan="4">3. 详细需求描述（该部分按功能需求分别展开描述，是文档主体部分）</td></tr>
<tr><td colspan="4">4. 系统功能界面说明（该部分描述系统人机界面的总体要求及系统主要界面的风格）</td></tr>
</table>

[1] 访谈通常是“一对一”沟通，可当面沟通，也可以通过电话等工具进行沟通。

[2] 焦点小组一般是多人之间的沟通，在被调研者之间开展互动式讨论，以求得到更有价值的、焦点小组成员普遍认可的集体意见。参加者通常是同一个领域的主题专家，都熟悉作为会议主题的某个特定的领域。

[3] 引导式研讨会比较适合需要跨职能部门人员一起参与进行需求讨论的情形。

[4] 实际使用时，建议将该表格内容调整为文档的形式，这样才更实用。

续表

用户需求说明书			
编制人		编制时间	
评审人		评审时间	
5. 该系统与其他系统的接口说明			
6. 系统运行环境要求			
7. 非功能性要求（该部分需要从性能要求、可移植性要求、可维护性要求、故障处理要求等几个方面分别进行描述）			
8. 附录（该部分包括业务单据、报表、计算规则、政策参数等）			

虽然用户在“用户需求说明书”的签字栏中写道“我们的需求基本如此，后续可能会有适当调整，系统建设的最终内容，以调整后的为准”，但张成功还是非常高兴。因为，基于信息系统项目建设的特性，需求的调整和变更是非常正常的，只要能依据流程来管理变更就问题不大。

董胥俅根据“用户需求说明书”开发出了“需求跟踪矩阵”，在后续设计、开发、测试和实施中进一步完善并应用（见表 4-2）。

需求调研工作告一个段落后，张成功让董胥俅根据本次需求调研的经验和遇到的问题，总结出了信息系统项目需求调研最常用的 4 种方法。

（1）问卷调查法。

所谓“问卷调查法”，是指开发方就用户需求中的一些个性化的、需要进一步明确的需求（或问题），通过采用向用户发问卷调查表的方式，达到有效弄清项目需求的一种需求获取方法。

这种方法适合开发方和用户方都清楚项目需求的情况。因为如果开发方和建设方都清楚项目的需求，则需要双方进一步沟通的需求（或问题）就比较少，通过采用这种简单的问卷调查的方法就能使问题得到较好的解决。

这种方法的一般操作步骤如下。

步骤一：开发方先根据合同和以往类似项目的经验，整理出一份“用户需求说明书”和待澄清需求（或问题）的“问卷调查表”提交给用户。

步骤二:用户阅读“用户需求说明书”,并回答“问卷调查表”中提出的问题,如果“用户需求说明书”中有描述不正确或未包括的需求,用户可一并修改或补充。

步骤三:开发方拿到用户返回的“用户需求说明书”和“问卷调查表”进行分析,如仍然有问题,则重复步骤二,否则执行步骤四。

表 4-2 “需求跟踪矩阵”[1]模板

需求跟踪矩阵							
编制人				编制时间			
审核人				审核时间			
需求编号	需求简述	需求被实现的进度状态				与之对应的设计和编码	
		设计	编码	测试	实施	设计	代码

步骤四:开发方整理出“用户需求说明书”,提交给用户方确认签字。

由于这种方法比较简单、侧重点明确,因此能大大缩短需求获取的时间,减少需求获取的成本,提高工作效率。

1 实际使用时,建议将该表格调整为 Excel 表格的形式,这样才更方便使用。

（2）会议讨论法。

所谓"会议讨论法"，是指开发方和用户方召开若干次需求讨论会议，以达到有效弄清项目需求的一种需求获取方法。

这种方法适合开发方不清楚项目需求（一般开发方是刚开始做这种业务类型的工程项目），但用户方清楚项目需求的情况。因为用户清楚项目的需求，则用户能准确地表达出他们的需求，而开发方有专业的软件开发经验，对用户表达的需求一般都能准确地把握。

这种方法的一般操作步骤如下。

步骤一：开发方根据双方制订的"需求调研计划"召开相关需求主题沟通会（可采用焦点小组或引导式研讨会的形式）。

步骤二：会后开发方整理出"需求调研记录"提交给用户方确认。

步骤三：如果此主题还有未明确的问题则再次沟通，否则开始下一主题。

步骤四：所有需求都沟通清楚后，开发方根据历次"需求调研记录"整理出"用户需求说明书"，提交给用户方确认签字。

由于开发方不清楚项目需求，因此需要花较多的时间和精力进行需求调研和需求整理工作。

（3）界面原型法。

所谓"界面原型法"，是指开发方根据自己所了解的用户需求，描画出应用系统的功能界面后与用户进行交流和沟通，通过"界面原型"这一载体，达到双方逐步明确项目需求的一种需求获取的方法。

这种方法比较适合开发方和用户方都不清楚项目需求的情况。因为开发方和用户方都不清楚项目需求，因此此时就更需要借助一定的"载体"来加快对需求的挖掘和双方对需求的理解。这种情况下，采用"可视化"的界面原型法比较可取。

这种方法的一般操作步骤如下。

步骤一：开发方根据其所了解到的需求（如通过合同、招投标文件或与用户交流），采用界面制作工具描画出应用系统的功能界面。

步骤二：将应用系统的功能界面提交给用户，并与用户沟通，挖掘出新需求或就需求达成理解上的一致。

步骤三：开发方就不断获取的需求进行增量式整理，根据新的需求丰富和细化界面原型。

步骤四：双方经过多次界面原型的交互，开发方最终整理出"用户需求说明书"，提交给用户方确认签字。

由于开发方和用户方都不清楚项目需求，因此此时需求获取工作将会比较困难，可能导致的风险也比较大。采用这种“界面原型”的方式，能加速项目需求的“浮现”和双方对需求的一致理解（俗话说百闻不如一见），从而减小由于需求问题可能给项目带来的风险。

针对这种类型的项目，也可以采用“可运行原型系统法”，但由于开发方对需求不了解（证明以前缺乏类似项目的开发经验和产品积累），如果开发一个可运行的原型系统，则几乎需要从零开始编写代码，前期投入会很大。

（4）可运行原型系统法。

所谓“可运行原型系统法”，是指开发方根据合同中规定的基本需求，在以往类似项目应用系统的基础上进行少量修改得出一可运行系统，通过“可运行原型系统”这一载体，达到有效挖掘项目需求的一种需求获取的方法。

这种方法比较适合开发方比较清楚项目需求但用户方不清楚项目需求的情况。这种类型的项目，开发方一般都有类似项目的建设经验，因此可以在以往项目的基础上，快速“构建”出一套可运行系统，然后借助这一“载体”来加快对需求的挖掘和双方（特别是用户方）对需求的理解。这种情况下，采用“所见即所得”的可运行原型系统法比较可取。

这种方法的一般操作步骤如下。

步骤一：开发方根据其所了解到的需求（如通过合同或与用户交流），在以往类似项目的基础上，快速“构建”出一套可运行系统。

步骤二：通过向用户演示“可运行原型系统”，逐步挖掘并让用户确认项目需求。

步骤三：开发方就不断获取的需求进行增量式整理，根据新的需求丰富可运行原型系统。

步骤四：双方经过多次可运行原型系统的交互，由开发方最终整理出“用户需求说明书”，提交给用户方确认签字。

由于开发方清楚用户的需求（证明以前有类似项目的开发经验和产品积累），但用户方自己不清楚，因此此时开发一个“可运行原型系统”，开发方的投入不会很大，而对于用户理解和确认项目需求非常有利，因此针对这种类型的项目这是一种比较理想的需求获取方式。

这种方法的另一个好处是：正式系统一般也可以在该“可运行原型系统”的基础上演化而成，为后续开发工作节省不少工作量和成本。

为了让需求变更可控，张成功和项目建设方在需求调研期间就约定好了“项目需求变更控制流程”。“项目需求变更控制流程”如下（见图 4-3）。

“项目需求变更控制流程”的基本步骤如下。

（1）项目建设方（甲方）相关人员提出需求变更时，首先需要填写“需求变更申请表”，由项目建设方项目经理郝槚枋统一收集，将“需求变更申请表”汇总提交给张成功（提交的频率约定为：系统设计完成前，可以每星期提交一次变更请求；系统设计完成后，每月提交一次变更请求）。

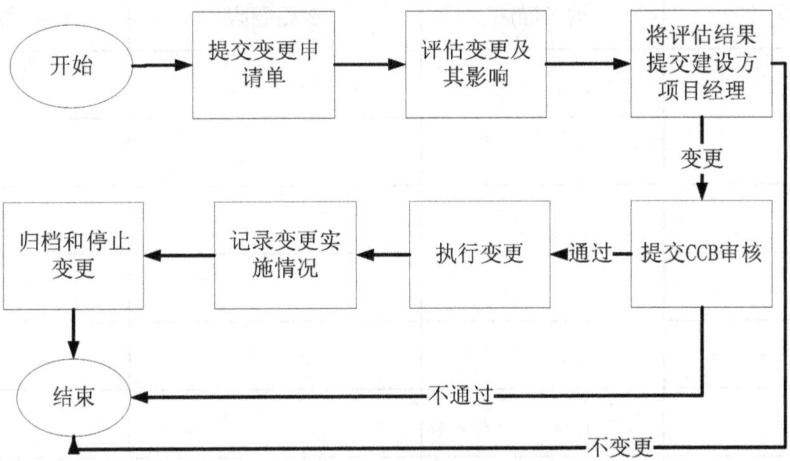

图 4-3　项目需求变更控制流程

（2）张成功组织相关人员评估需求对项目的整体影响，形成“需求变更评估报告”。

（3）张成功负责把“需求变更评估报告”提交给项目建设方项目经理郝槚枋，由郝槚枋在其组织内部进行沟通，确定是否需要变更。

（4）对于建设方认为需要变更的需求，由郝槚枋将该信息反馈给张成功，张成功组织 CCB（变更控制委员会的英文缩写，该委员会是一决策机构，由项目建设方、监理方和项目承建方相关人员组成）进行审核。

（5）对 CCB 审核通过的变更请求，由张成功团队组织执行。

（6）变更被执行后，记录变更实施情况，并把变更结果通知郝槚枋，由郝槚枋再知会需求变更提出者。

（7）对已实施的变更，归档相关文件并停止此变更。

张成功项目组所采用的“需求变更申请表”模板和“需求变更评估报告”模板如下（见表 4-3 和表 4-4）。

表 4–3 “需求变更申请表”模板

需求变更申请表			
项目名称		需求变更申请表编号	
变更提出人		提出时间	
序号	需求描述	变更原因	紧急程度
建设方项目经理意见			

表 4–4 “需求变更评估报告”模板

需求变更评估报告			
项目名称			
需求变更申请表编号		评估人	
序号	需求描述	对项目进度、成本、质量等的影响	评估小组意见
变更控制委员会审批意见			
变更控制委员会审批时间			
变更控制委员会审批人			

本节内容精要

- ◆ 部门经理邹百通给张成功分配了用于项目需求调研的资源。
- ◆ 需求调研负责人董胥俅根据“项目需求调研计划”组织进行了第一次需求调研工作，并编制了“用户需求说明书”和“需求跟踪矩阵”。
- ◆ 董胥俅总结了需求调研的4种常用方法及适用场景。
- ◆ 张成功和项目建设方在需求调研期间约定好了“项目需求变更控制流程”“需求变更申请表”和“需求变更评估报告”模板。

目标导向和工作分解

“用户需求说明书”得到用户签字确认后，张成功就迫不及待地请求邹经理安排系统设计和开发人员入场。

邹经理说，凡事预则立，不预则废，欲速则不达。在安排具体设计和开发工作之前，你需要明确项目的范围（你之前仅仅是明确了项目的开发需求，而项目范围包括的内容更多），并把工作分解好，这样才更利于后续工作的开展。

张成功一直认为项目范围和开发需求应该是同一回事，今天还是第一次听邹经理讲到两者的不同，看来项目管理的知识还真是博大精深啊。

下班后，张成功又去请教李全才。

此时，李全才正在整理当天的工作。李全才放下手头的工作，把张成功迎进自己的办公室，然后给张成功沏了一杯茶，说：“前段时间，听说你们项目组需求调研工作开展得不错，恭喜你啊。”

张成功说：“多亏了您的指点。今天邹经理说要我定义范围和进行工作分解，我有问题还想请教请教您。”

李全才说：“不要这么客气，咱们是同事，也是朋友。以后有什么问题，互相切磋切磋就是。”

张成功说：“谢谢李经理，项目成功后，一定请您为上宾，参加庆功宴。我想问问您，项目范围到底是什么？”

李全才说：“你知道 IT 项目管理知识体系中项目范围管理知识领域有一个过程叫‘定义范围’吗？”

说着，李全才打开《IT 项目管理宝典》，指着“定义范围”过程的输入、工具与技术及输出讲解了起来（见图 4-4）。

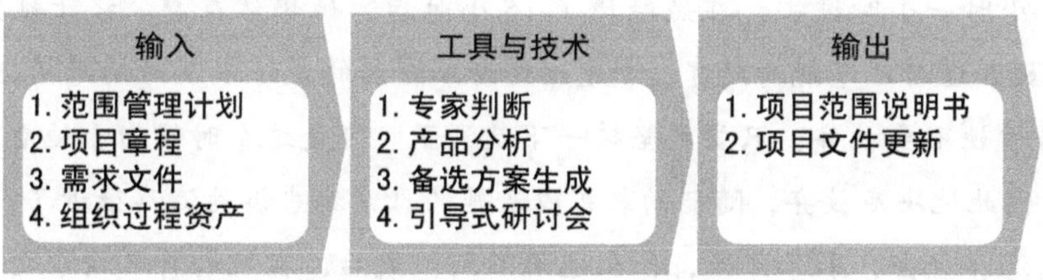

图 4-4 定义范围过程中的输入、工具与技术及输出

讲解完后，李全才拿出一张纸，把项目范围和开发需求之间的区别和联系给张成功演绎了一遍（见图 4-5）。

图 4-5 项目范围与开发需求的区别和联系

至此，张成功彻底明白了项目范围与开发需求之间的联系和区别："开发需求"是指项目执行过程中所必须完成的工作，"项目范围"是指为了把"开发需求"涉及的工作完成得更好所需要执行的所有工作的总和；"开发需求"是"项目范围"的子集！接着，张成功补充说："如'制订项目管理计划''评审项目产出物'等工作不属于'开发需求'，但属于'项目范围'。"

李全才很欣赏张成功的悟性。李全才接着说，项目工作一定要注意目标导向，另外，目标要具体、要分解，这样才能提高工作效率，以及让工作可管理、可监控。

"这样吧，我先给你讲 3 个小故事。"李全才说。

故事一：当时美国 34 岁的妇女弗罗纶丝·查德威克，她是横渡英吉利海峡的第一位女性，在这个壮举之后，她就要横渡卡塔林纳海峡，而这个海峡比她原来横渡的英吉利海峡还要宽，也就是要从加利福尼亚海岸以西 21 英里的卡塔林纳岛游向加州海岸。如果她成功了，她就是第一个横渡这个海峡的妇女。1952 年 7 月 4 日早晨，加利福尼亚西海岸及附近的太平洋洋面都笼罩在浓雾中。那天早晨，海水冻得她身体发麻，而且雾也很大，她几乎连护送她的船都看不到。她一个人坚定地游着，千万人在电视上看着。时间一小时一小时过去，在她经历了 15 小时后，她仍然在游。终于她感觉到自己又累又冻，她知道自己不能再游了，于是她就请求随船的教练以及她的母亲把她拉上船。但是他们告诉她不要放弃，只要再坚持一下就到了。可是这个时候由于她看不到加州海岸的方向，因此她决定放弃，随船的教练以及她的母亲都告诉她海岸很近了，不要放弃。但她朝加州海岸望去，浓雾弥漫，什么也看不到！最后，在她的再三请求之下，人们把她拉上船，而她这个时候已经经历了 15 小时 55 分，离加州海岸也就只有半英里！后来她总结道，令她半途而废的不是疲劳，也不是寒冷，而是因为在浓雾中看不到目标。"说实在的，"她后来对记者说，"我并不是为自己找借口，如果当时我能看到陆地，我就能坚持下来。"迷茫的目标，动摇了她的信念。两个月后，她成功地游过了同一个海峡，仍然是游过卡塔林纳海峡的第一位女性，且比当时男子的纪录快了大约两小时。因此，明确的目标就是她的成功秘诀。

第一个故事讲完后，李全才说："你回去之后，一定要再次明确项目的目标，并把目标清清楚楚地写在'项目范围说明书'里。"

张成功项目组所采用的"项目范围说明书"的模板如下（见表 4-5）。

表 4–5 "项目范围说明书"[1] 模板

项目范围说明书
1. 项目背景
2. 项目开发需求 引用"用户需求说明书"。
3. 项目需求（除开发需求之外的）
4. 项目可交付成果
5. 项目的约束和假设条件
6. 项目例外责任（即明确哪些是本项目之外的责任）
7. 项目验收基本标准（定义项目验收的流程和基本标准）

张成功很认真地点了点头，接着李全才开始讲第二个故事。

故事二：一位年轻人，他大学毕业后，曾豪情万丈地为自己树立了许多目标，可是几年下来，他依然一事无成。于是他满怀烦恼地去找一位智者。

当他找到智者时，智者正在河边的小屋里读书。智者微笑着听完年轻人的倾诉，对他说："来，你先帮我烧一壶开水！"

年轻人看见墙角放着一把很大的水壶，旁边是一个小火灶，可是没发现柴火，于是便出去找。

他在外面捡了一些枯枝回来，然后装满一壶水，放在灶台上，在灶内放了一些柴烧了起来，可是由于壶太大，那捆柴烧完了，水还没有开。于是他跑出去继续找柴，回来的时候那壶水已经凉得差不多了。这回他学聪明了，没有急于点火，而是再次出去找了些柴，由于柴准备充足，水不一会就烧开了。

智者忽然问道："如果没有足够的柴，你该怎样把水烧开？"

[1] 实际使用时，建议将该表格内容调整为文档的形式，这样才更实用。另外，根据项目的实际情况，可以把"项目范围说明书"与"用户需求说明书"合二为一。

年轻人想了想，摇了摇头。

智者说："如果那样，你就把水壶里的水倒掉一些！"

年轻人若有所思地点了点头。

智者接着说："你一开始踌躇满志，为自己树立了太多的目标，就像这个大水壶装了太多的水一样，而你又没有足够的柴，所以不能把水烧开。要想把水烧开，你或是要倒掉一些水，或是要多准备一些柴！"

年轻人恍然大悟。回家后，他把自己计划中所列的目标去掉了许多，只留下了几个，同时利用业余时间学习所需要的专业知识。几年后，他设定的几个目标都实现了。

第二个故事讲完后，李全才说："上面这个故事告诉我们，有了目标还不够，你还需要清楚哪些是主要和重要的目标，这是一定要明确下来的，不要眉毛胡子一把抓。"

故事三：20 世纪 80 年代，日本长跑运动员山本田一连续获得两届国际马拉松邀请赛的冠军。当时，记者认为他的"凭智慧取胜"的经验之谈是闪烁其词。10 年以后，他的自传问世了，世人终于明白了他取胜的"智慧"：起初，他把目标定在终点的那面旗帜上，跑十几公里下来，想到还有几十公里要跑，就感到疲惫和信心不足。后来，每次比赛前，他总是先查看路线，把途中醒目的标志——大树、公寓之类的画下来。他的目标就不再是终点的那"一"面旗帜，而是被画下来的"若干"个醒目的标志。比赛时，他努力冲向第一个目标，然后又鼓足了劲冲向第二个目标、第三个目标……40 多公里就这样跑完了。想第一个跑完 40 多公里可能是困难的，但对一个训练有素的长跑运动员来说，憋足了劲第一个跑完一两公里甚至几公里（两个小目标之间的距离）可能就是区区小事。三本田一把长化短、把大化小，终于轻易地克服了看似强大的困难，最终获得了比赛的冠军。

故事讲到这里，张成功明白了目标分解对项目成功的重要性，领悟到了"创建 WBS"的真正价值和作用。同时，他对李全才也是越来越佩服了。以前只知道李全才是项目管理的高人，没想到他也善于通过故事的方式把枯燥的管理理念演绎得如此淋漓尽致。

故事讲完后，李全才再次把"IT 项目管理葵花宝典"翻开，简单地给张成功过了一遍"IT 项目范围管理知识领域"中的"创建 WBS"和"IT 项目时间管理知识领域"中的"定义活动"两个过程（见图 4-6 和图 4-7）：

李全才说，"创建 WBS"过程中的工具"分解[1]"是指把"项目范围说明书"分解为一个个需要完成的"工作包"，而"定义活动"过程中的工具"分解"是指把工作包分

[1] 工作分解结构的最底层叫工作包或工作细目，被分解的工作包需要同时满足3个要求：可估算、可分工和可控制。

解为一个个可执行的“活动”。“工作包”是名词，是细化的可交付成果；“活动”是动词，是可以被安排执行的具体事务。实际工作中，我们可以把创建工作分解结构和定义活动合二为一，一次完成。

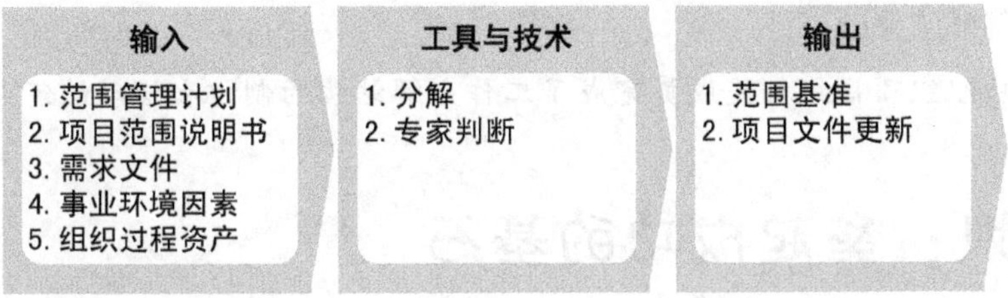

图 4-6　创建 WBS 过程中的输入、工具与技术及输出

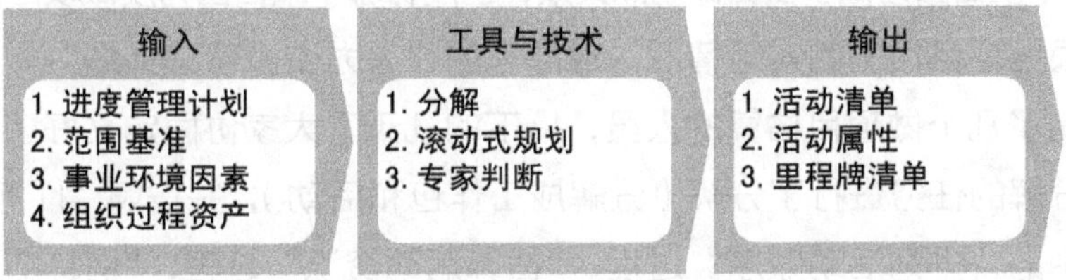

图 4-7　定义活动过程中的输入、工具与技术及输出

李全才补充道：“一般来说，在定义活动之前，我们需要根据‘IT 项目时间管理知识领域’中的‘规划进度管理’过程来制订‘进度管理计划’（见图 4-8）。当然，实际工作中，我们更多地是把它合并在‘制订项目管理计划’过程中一并完成的。我看你之前在搭建‘项目管理总体计划’时，就对此有所考虑，这很好。”

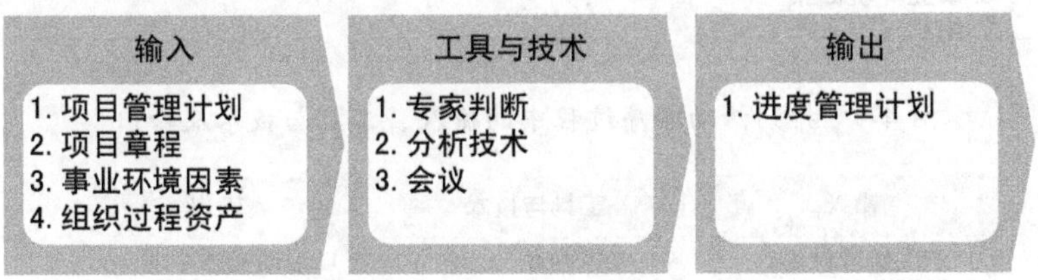

图 4-8　规划进度管理过程[1]中的输入、工具与技术及输出

张成功点了点头，明白自己接下来该如何做了[2]，他非常高兴地谢过李全才，离开了李经理的办公室；此时已是华灯初上，万家灯火了。

[1] 有关“进度管理计划”中一般需要包括的内容，请参阅“项目管理计划”模板中的“进度管理基本约定”栏目。

[2] 张成功在接下来的几天组织项目组相关成员完成了工作分解结构的制订和对活动的定义。

本节内容精要

- ◆ 张成功在用户需求的基础上，进一步明确了项目的范围并编制了“项目范围说明书”。
- ◆ 资深项目经理李全才的 3 个小故事让张成功明白了确定目标和对工作（目标）进行分解的重要性。
- ◆ 张成功组织项目组相关成员完成了工作分解结构的制订和活动的定义。

详细规划：垒起成功的基石

张成功始终记得李全才之前给他讲过的一句话：“万事始于计划，没有计划就是在计划失败；没有哪个项目因为做了项目计划而失败，也没有哪个项目因为没做项目计划而成功。”

张成功根据项目目前的实际情况，对原来的“人力资源管理计划”做了必要调整，向邹经理申请了几个做项目估算的人员，接下的几天，大家协同定义好了项目的范围，同时把可以分解的任务进行了分解（分解成工作包和活动），并按照“IT 项目时间管理知识领域”中的“排列活动顺序”过程、“估算活动资源”过程、“估算活动持续时间”过程完成了相关估算工作（见图 4-9、图 4-10 和图 4-11）。

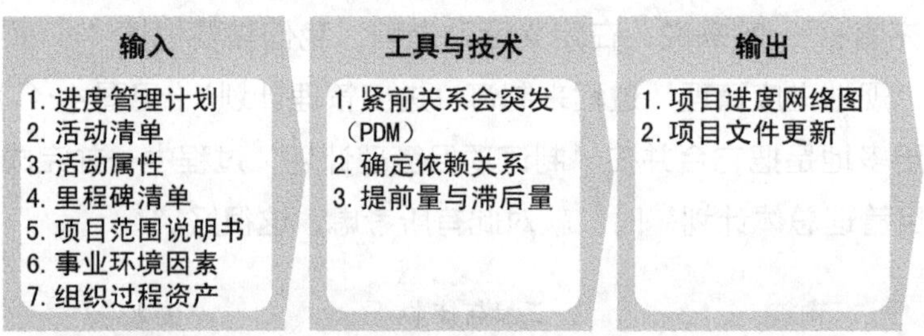

图 4-9 排列活动顺序过程中的输入、工具与技术及输出

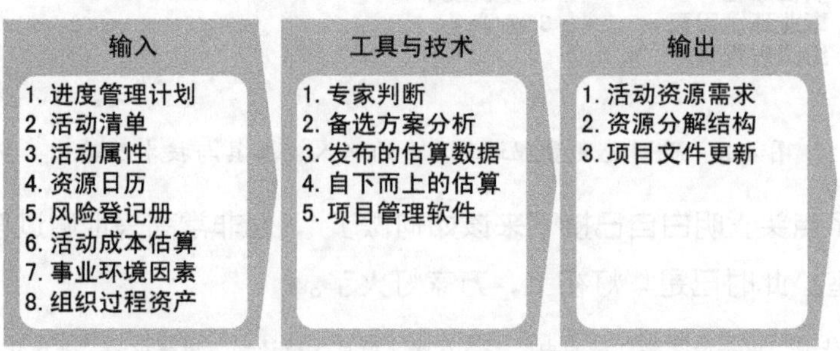

图 4-10 估算活动资源过程中的输入、工具与技术及输出

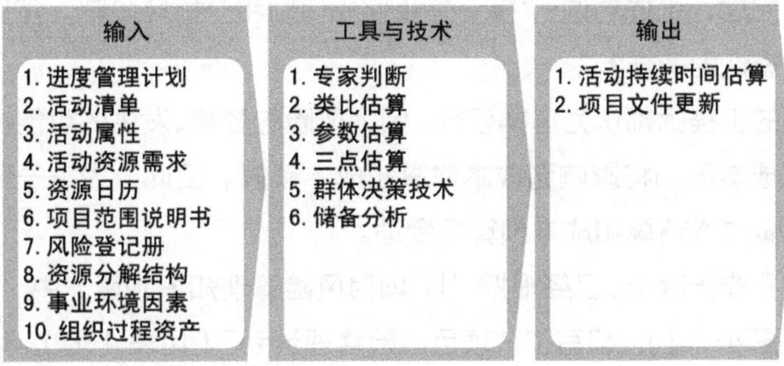

图 4-11　估算活动持续时间过程中的输入、工具与技术及输出

在估算活动资源时，张成功总结出了一个经验：唯有参与（一定需要让将来做这件事情的人来共同参与估算），才有认同（才能得到将来做这件事情的人的认同）。“自下而上的估算方法”虽然一般可以得到比较真实和可信的结果，但也需要通过检查和复审的方式来避免估算者的浮夸。

在此处提到的工作量估算和之后提到的成本估算活动中，张成功团队结合公司的实际情况和本项目的特点，主要采用的是 IFPUG（International Function Point Users Group，国际功能点用户组织）的估算技术（如何使用该技术，不属于本书讨论的范畴，请读者自行参阅相关书籍或资料）。

接着，张成功安排开发经理习开花，将估算结果录入公司项目管理软件系统中，经必要调整后，按 IT 项目管理知识体系中“制订进度计划”过程的要求（见图 4-12），完善了之前编制的“项目设计和开发计划”中“项目设计和开发日程”栏目中的内容。

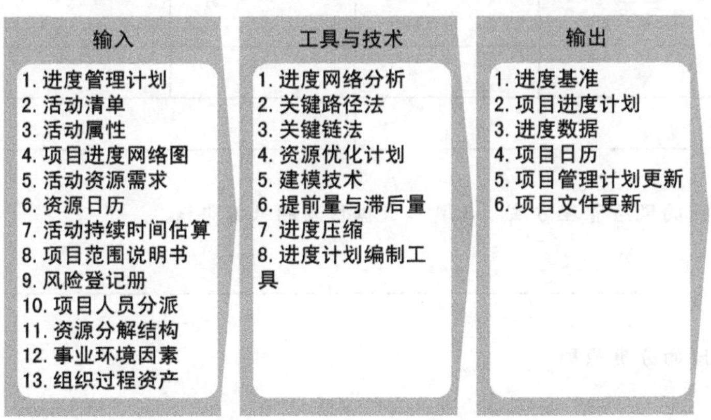

图 4-12　制订进度计划过程中的输入、工具与技术及输出

这些工作做完后，张成功说："接下来我们先识别和分析风险吧，然后再做成本估算和成本预算，大家认为怎样？"

几个做估算的工程师都认为这样可行。因为风险的数量、发生的可能性、影响的大小、应对风险的可能成本等都将影响到成本估算和成本预算。因此，大家一致认为，等风险分析完成后，再做成本估算和成本预算更合适。

张成功说："我昨天晚上，已经根据'IT 项目风险管理知识领域'中'规划风险管理'过程的要点（见图 4-13），编写了"项目风险管理计划"（见表 4-6），你们看怎样？"

图 4-13 规划风险管理过程中的输入、工具与技术及输出

表 4-6 "项目风险管理计划"模板

项目风险管理计划					
版本号	编写人	评审时间	审批人	发布时间	发布说明
项目名称					
风险管理方法 注：明确可能采用的风险管理方法、工具和数据信息的来源渠道					
风险分类原则 注：明确项目风险的分类原则					

续表

项目风险管理计划
风险管理时机 注：明确在整个项目的生命周期中实施风险管理的周期或频率
风险管理成本 注：估算用于项目风险管理的大致费用
风险数据评价标准 注：明确对风险分析数据质量的评价标准
风险管控 注：明确每类风险的管理人员及其职责

大家认真阅读了张成功编写的“项目风险管理计划”，认为基本可行，只提出了一些需要完善的意见，张成功在大家意见的基础上做了必要修改，于是就热火朝天地开始了风险识别和风险分析工作（见图 4-14）。

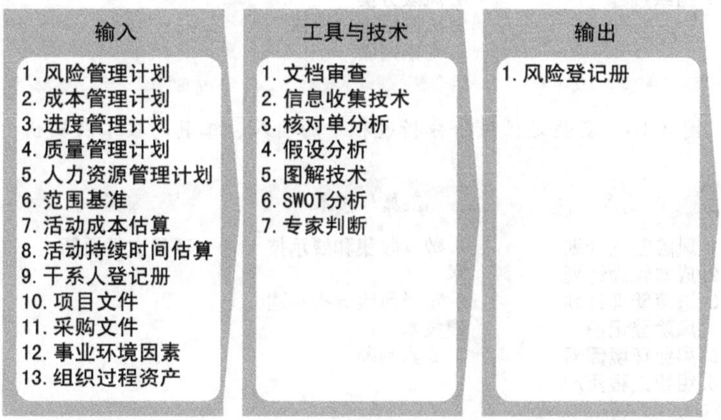

图 4-14　识别风险过程中的输入、工具与技术及输出

在识别风险的过程中，根据实际情况，大家主要采用了文件审查、信息收集技术和 SWOT 分析（见图 4-15），共识别出了该项目 5 类 18 个风险。

项目风险被初步识别出来后，张成功组织项目组成员，对这些已识别的风险进行了定性分析和定量分析（见图 4-16 和图 4-17）。

图 4-15　SWOT 分析图

输入	工具与技术	输出
1. 风险管理计划 2. 范围基准 3. 风险登记册 4. 事业环境因素 5. 组织过程资产	1. 风险概率和影响评估 2. 概率和影响矩阵 3. 风险数据质量评估 4. 风险分类 5. 风险紧迫性评估 6. 专家判断	1. 项目文件更新

图 4-16　实施定性风险分析过程中的输入、工具与技术及输出

输入	工具与技术	输出
1. 风险管理计划 2. 成本管理计划 3. 进度管理计划 4. 风险登记册 5. 事业环境因素 6. 组织过程资产	1. 数据收集和展示技术 2. 定量风险分析和建模技术 3. 专家判断	1. 项目文件更新

图 4-17　实施定量风险分析过程中的输入、工具与技术及输出

由于客观条件的限制，这次他们主要是对风险进行了定性分析，只对个别风险采用了定量分析的方法。在风险分析的过程中，大家认为“概率与影响矩阵”（见图 4-18）非常有用，因其对日后如何有针对性地管理风险具有很好的指导价值。

概率	威胁					机会				
0.90	0.05	0.09	0.18	0.36	0.72	0.72	0.36	0.18	0.09	0.05
0.70	0.04	0.07	0.14	0.28	0.56	0.56	0.28	0.14	0.07	0.04
0.50	0.03	0.05	0.10	0.20	0.40	0.40	0.20	0.10	0.05	0.03
0.30	0.02	0.03	0.06	0.12	0.24	0.24	0.12	0.06	0.03	0.02
0.10	0.01	0.01	0.02	0.04	0.08	0.08	0.04	0.02	0.01	0.01
	0.05	0.10	0.20	0.40	0.80	0.80	0.04	0.02	0.01	0.05

图 4-18 概率与影响矩阵

当然，大家在完成风险分析后，也没有忘记找出每一种风险的应对措施（见图 4-19）。

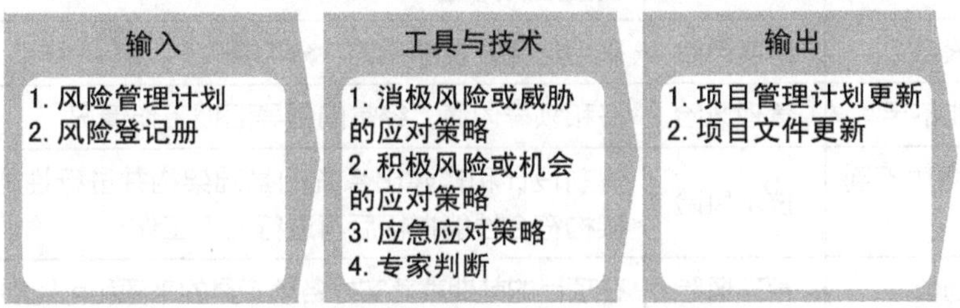

图 4-19 规划风险应对过程中的输入、工具与技术及输出

风险识别、风险分析和对风险应对策略的选择共持续了 3 天时间，经过评审，大家终于拿出了一份自己感觉满意的风险登记册（见表 4-7）。

表 4-7 “风险登记册”模板

风险登记册						
风险名称	发生的概率（P）	风险影响（I）	风险级别	风险类别	可能发生的时机	应对措施

本次，张成功项目团队识别出的主要项目风险和制定的应对措施如下（为方便读者学习，这里列出的风险已经经过完善、加工和抽象）。

风险名称	风险类别	应对措施
技术方案可能不可行	技术风险	设计时考虑备用方案
人力资源可能不足	资源风险	合理安排工作、激励和技能培训
人员可能离职	资源风险	做好团队建设工作，从技能上备份人才
需求可能变更	需求风险	尽量细化需求描述，建立需求变更流程并严格执行
用户可能不配合	管理风险	事先签订合作协议，明晰双方责任和义务，记录过程证据
验收可能困难	管理风险	事先达成验收共识，不折不扣地按计划执行，多和关键人员汇报及沟通
工期可能较紧张	进度风险	采用迭代开发的模式，分期提交
高层支持可能不足	管理风险	多和领导沟通，经常向领导汇报工作情况
系统性能可能达不到要求	技术风险	提前设计和搭建出系统的基础架构并进行性能测试，确保架构符合性能指标后再进行后续工作
工具可能不到位	管理风险	在项目的前期就落实好各项工具的来源和可能的替代工具
供应商工作质量可能不达标	管理风险	指定专人全程监控供应商活动，让供应商采用经认可的开发流程，督促供应商及时提交和汇报工作成果，及时审计供应商的工作成果

张成功意识到，项目中既要对进度的管理进行规划和约定，也需要对成本的管理进行规划和约定。在进行成本估算之前，张成功认真学习了“IT 项目成本管理知识领域”中“规划成本管理”过程（见图 4-20），结合本项目的实际需要，和相关人员一起理顺了本项目的成本管理要求。

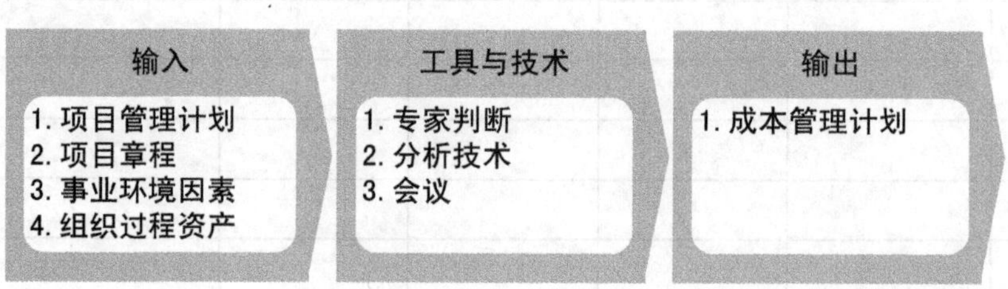

图 4-20 规划成本管理过程[1]中的输入、工具与技术及输出

由于参加成本估算的人不多，张成功做了一个基本的分工计划，大家就开始分头行

1 有关“成本管理计划”中一般需要包括的内容，请参阅“项目管理计划”模板中的“成本管理基本约定”栏目。

动了，按照 IT 项目管理知识体系中关于成本估算的一些注意要点，大家主要采用自下而上的估算方法（具体用的是 IFPUG 估算技术），比较顺利地完成了成本估算（见图 4-21）。

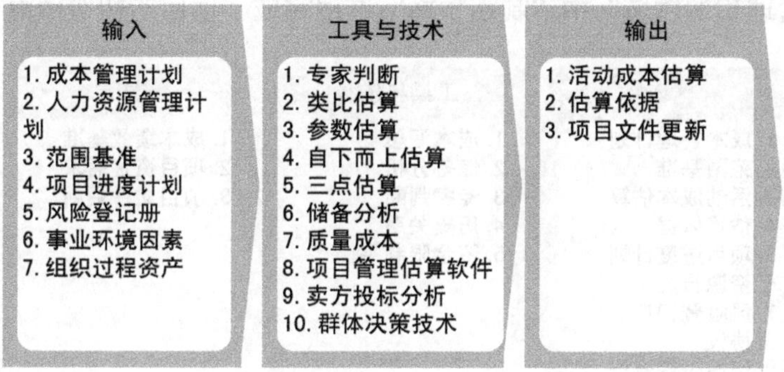

图 4-21 估算成本过程中的输入、工具与技术及输出

关于工作量估算和成本估算，张成功团队采用了如下模板记录相关数据（见表 4-8）。

表 4-8 "项目估算记录"[1] 模板

<table>
<tr><th colspan="8">项目估算记录</th></tr>
<tr><td>版本号</td><td colspan="2">估算人</td><td>估算时间</td><td>复核人</td><td colspan="2">复核时间</td><td>备注</td></tr>
<tr><td></td><td colspan="2"></td><td></td><td></td><td colspan="2"></td><td></td></tr>
<tr><td></td><td colspan="2"></td><td></td><td></td><td colspan="2"></td><td></td></tr>
<tr><td></td><td colspan="2"></td><td></td><td></td><td colspan="2"></td><td></td></tr>
<tr><td></td><td colspan="2"></td><td></td><td></td><td colspan="2"></td><td></td></tr>
<tr><td colspan="4">项目名称</td><td colspan="4"></td></tr>
<tr><th colspan="8">项目估算数据</th></tr>
<tr><td>要素类型</td><td>原始 FP</td><td>调整因子</td><td>调整后 FP</td><td>生产率
（人工时 /FP）</td><td>工作量
（人时）</td><td>单位人工成本
（元 / 人时）</td><td>人工成本</td></tr>
<tr><td>ILFs</td><td></td><td></td><td></td><td></td><td></td><td></td><td></td></tr>
<tr><td>EIFs</td><td></td><td></td><td></td><td></td><td></td><td></td><td></td></tr>
<tr><td>EIs</td><td></td><td></td><td></td><td></td><td></td><td></td><td></td></tr>
<tr><td>EOs</td><td></td><td></td><td></td><td></td><td></td><td></td><td></td></tr>
<tr><td>EQs</td><td></td><td></td><td></td><td></td><td></td><td></td><td></td></tr>
<tr><td>合计：</td><td></td><td></td><td></td><td></td><td></td><td></td><td></td></tr>
</table>

[1] 该项目估算表只适于采用 IFPUG 估算方法。ILF（Internal Logical File）：内部逻辑文件；EIF（External Interface File（外部接口文件）；EI（External Input）：外部输入；EO（External Output）：外部输出；EQ（External Inquiry）：外部查询。调整后 FP = 原始 FP× 调整因子；工作量（人时）= 调整后 FP× 生产率（人工时 /FP）；人工成本 = 工作量（人时）× 单位人工成本（元 / 人时）。

成本估算完成后，张成功把估算的汇总结果交给了邹百通经理审核，在提交审核时，张成功特别注意把每一估算结果的明细依据一并提交。之后，张成功和邹百通协同，利用“IT 项目成本管理知识领域”中“制定预算”过程完成了项目的初次预算（见图 4-22）。

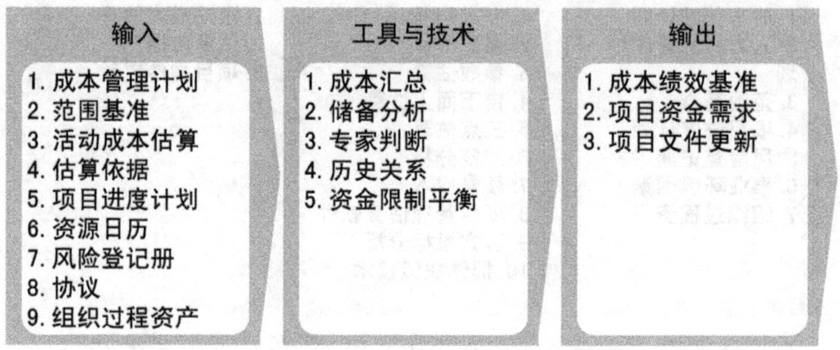

图 4-22　制定预算过程中的输入、工具与技术及输出

张成功把预算按项目进度计划进行了重新分配，生成了项目成本基线[1]。

估算和预算完成后，张成功准备把这些之前的规划成果按照“IT 项目整体管理知识领域”中“制订项目管理计划”过程的要求整理出项目的管理计划提交给邹经理审核。此时，他想到还遗漏了一项工作，因为该项目还需要采购一些设备。于是，他把负责该项目系统集成工作的胡积诚和公司采购部采购专员庄彩够找了过来，三人又花了一个上午的时间，终于按照“IT 项目采购管理知识领域”中“规划采购”过程的要求，结合项目的实际需求和公司的采购政策，制订了项目的采购管理计划（见图 4-23）。

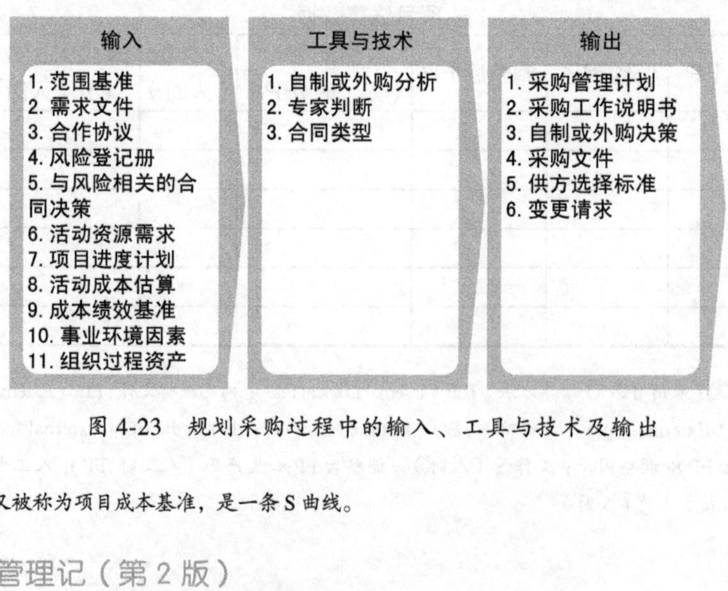

图 4-23　规划采购过程中的输入、工具与技术及输出

[1] 项目成本基线又被称为项目成本基准，是一条 S 曲线。

张成功团队采用的“项目采购管理计划”的模板如下（见表 4-9）。

表 4-9 “项目采购管理计划”模板

项目采购管理计划					
版本号	编写人	评审时间	审批人	发布时间	发布说明
项目名称					

项目采购信息				
序号	采购描述	供方选择标准	拟采用的合同类型	管理策略

然后，张成功根据项目人力资源管理计划，请该项目的实施经理常师师、项目系统集成负责人胡积诚和项目相关人员一起制订了项目实施计划和项目验收计划（见表 4-10 和表 4-11）。

表 4-10 “项目实施计划”模板

项目实施计划					
版本号	编写人	评审时间	审批人	发布时间	发布说明
项目名称					

续表

硬件产品实施日程安排								
序号	硬件设备名称	设备提供商	规格 / 型号	预计开始日期	预计结束日期	责任人	阀值	需要客户配合的事项

软件系统实施日程安排								
序号	实施子系统（模块）	版本号	版本来源	预计开始日期	预计结束日期	责任人	阀值	需要客户配合的事项
注：此表的内容可以采用专业工具（如 Project 绘制）								

表 4-11 “项目验收计划”模板

<table>
<tr><th colspan="6">项目验收计划</th></tr>
<tr><td>版本号</td><td>编写人</td><td>评审时间</td><td>审批人</td><td>客户签收人</td><td>客户签收时间</td></tr>
<tr><td></td><td></td><td></td><td></td><td></td><td></td></tr>
<tr><td></td><td></td><td></td><td></td><td></td><td></td></tr>
<tr><td></td><td></td><td></td><td></td><td></td><td></td></tr>
<tr><td></td><td></td><td></td><td></td><td></td><td></td></tr>
<tr><td colspan="3">项目名称</td><td colspan="3"></td></tr>
<tr><th colspan="6">项目验收方式和地点</th></tr>
<tr><td colspan="2">项目硬件设备验收方式</td><td></td><td colspan="2">项目硬件设备验收地点</td><td></td></tr>
<tr><td colspan="2">项目硬件设备验收成员名单</td><td colspan="4"></td></tr>
<tr><td colspan="2">项目软件系统验收方式</td><td></td><td colspan="2">项目软件系统验收地点</td><td></td></tr>
<tr><td colspan="2">项目软件系统验收成员名单</td><td colspan="4"></td></tr>
<tr><th colspan="6">项目验收对象一览表</th></tr>
<tr><td>序号</td><td colspan="3">名称</td><td colspan="2">合格标准</td></tr>
<tr><td></td><td colspan="3"></td><td colspan="2"></td></tr>
<tr><td></td><td colspan="3"></td><td colspan="2"></td></tr>
<tr><td></td><td colspan="3"></td><td colspan="2"></td></tr>
<tr><td></td><td colspan="3"></td><td colspan="2"></td></tr>
<tr><td></td><td colspan="3"></td><td colspan="2"></td></tr>
<tr><td></td><td colspan="3"></td><td colspan="2"></td></tr>
<tr><td></td><td colspan="3"></td><td colspan="2"></td></tr>
<tr><td></td><td colspan="3"></td><td colspan="2"></td></tr>
<tr><td></td><td colspan="3"></td><td colspan="2"></td></tr>
<tr><td></td><td colspan="3"></td><td colspan="2"></td></tr>
<tr><td></td><td colspan="3"></td><td colspan="2"></td></tr>
<tr><td></td><td colspan="3"></td><td colspan="2"></td></tr>
<tr><td></td><td colspan="3"></td><td colspan="2"></td></tr>
</table>

至此，张成功总算松了一口气，他把所有这些子计划按照“制订项目管理计划”过程的要求都集成了起来（见图 4-24）。

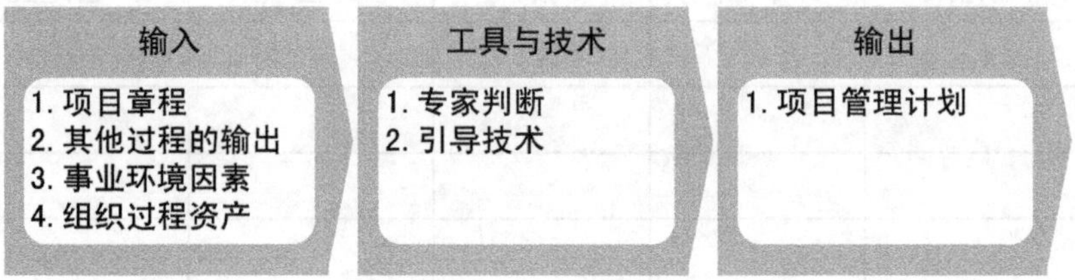

图 4-24　制订项目管理计划过程中的输入、工具与技术及输出

看着自己主导制订的“项目管理计划”，张成功会心地笑了，心里涌动着一股从未有过的成就感。

本节内容精要

- 张成功组织项目组相关成员完成了“排列活动顺序”“估算活动资源”“估算活动持续时间”等工作，并进一步完善了“项目设计和开发计划”。
- 张成功的团队制订了“项目风险管理计划”并进行了风险的识别和分析、确定了风险应对措施。
- 张成功的团队采用 IFPUG 估算方法完成了成本估算和成本预算。
- 项目系统集成工作负责人胡积诚和公司采购部采购专员庄彩够制订了“项目采购管理计划”；项目实施经理常师师和项目系统集成工作负责人胡积诚一起制订了“项目实施计划”和“项目验收计划”。

将计划进行到底

下午一上班，张成功就迫不及待地把计划发给资深项目经理李全才，让李经理提提意见，李经理仔细审阅了计划，对张成功说，在进行项目初步规划时，你只制订了“项目质量管理计划”（“项目质量管理计划”是对项目质量管理的总体指导性文件），你还需要根据“项目质量管理计划”进一步细化出“项目质量保证计划”和“项目测试计划”。另外，还需要根据已经识别出来的干系人，制定“项目沟通管理计划”和“项目干系人管理计划”；然后，根据项目团队成员的实际情况，看是否需要制定针对项目组成员能力提升的“项目培训计划”。

张成功如梦初醒，心里感叹道：姜还是老的辣啊。于是，他委托质量保证工程师苏宝政编制了“项目质量保证计划”，“项目质量保证计划”的模板如下（见表 4-12）。

表 4-12 “项目质量保证计划”模板

项目质量保证计划					
版本号	编写人	评审时间	审批人	发布时间	发布说明
项目名称		质量保证工程师			
项目质量审计具体计划					
审计活动类型	审计活动的描述 / 遵循的标准	审计活动开始时间	审计活动工作量估算（工时）		
审计报告提交的方式和频率					
审计报告发送对象					

张成功委托测试负责人艾策饰制订了“项目测试计划”，“项目测试计划”的模板如下（见表 4-13）。

表 4-13 “项目测试计划”模板

项目测试计划					
版本号	编写人	评审时间	审批人	发布时间	发布说明
项目名称					
测试负责人			测试工程师		
测试环境要求及准备					

项目测试具体计划			
测试活动	计划开始时间	计划工作量（人日）	测试工程师
测试报告提交的方式			
测试报告发送对象			

张成功自己亲自制订了“项目沟通管理计划”(见表 4-14)、“项目干系人管理计划”(见表 4-15)[1] 和“项目培训计划”(规划沟通管理过程中的输入、工具与技术及输出见图 4-25，规划干系人管理过程中的输入、工具与技术及输出见图 4-26)。

表 4-14 “项目沟通管理计划”模板

<table>
<tr><th colspan="7">项目沟通管理计划</th></tr>
<tr><td>版本号</td><td>编写人</td><td>评审时间</td><td>审批人</td><td colspan="2">发布时间</td><td>发布说明</td></tr>
<tr><td></td><td></td><td></td><td></td><td colspan="2"></td><td></td></tr>
<tr><td></td><td></td><td></td><td></td><td colspan="2"></td><td></td></tr>
<tr><td></td><td></td><td></td><td></td><td colspan="2"></td><td></td></tr>
<tr><td></td><td></td><td></td><td></td><td colspan="2"></td><td></td></tr>
<tr><td colspan="3">项目名称</td><td colspan="4"></td></tr>
<tr><th colspan="7">项目沟通安排</th></tr>
<tr><td>序号</td><td>沟通内容</td><td>沟通时间</td><td>沟通责任人</td><td>沟通对象</td><td>沟通方式</td><td>备注</td></tr>
<tr><td></td><td></td><td></td><td></td><td></td><td></td><td></td></tr>
<tr><td></td><td></td><td></td><td></td><td></td><td></td><td></td></tr>
<tr><td></td><td></td><td></td><td></td><td></td><td></td><td></td></tr>
<tr><td></td><td></td><td></td><td></td><td></td><td></td><td></td></tr>
</table>

表 4-15 “项目干系人管理计划”模板

<table>
<tr><th colspan="6">项目干系人管理计划</th></tr>
<tr><td>版本号</td><td>编写人</td><td>评审时间</td><td>审批人</td><td>发布时间</td><td>发布说明</td></tr>
<tr><td></td><td></td><td></td><td></td><td></td><td></td></tr>
<tr><td></td><td></td><td></td><td></td><td></td><td></td></tr>
<tr><td></td><td></td><td></td><td></td><td></td><td></td></tr>
<tr><td></td><td></td><td></td><td></td><td></td><td></td></tr>
<tr><td colspan="3">项目名称</td><td colspan="3"></td></tr>
</table>

[1] 实际使用时，可以将“项目沟通管理计划”和“项目干系人管理计划”整合为一份计划。

续表

项目干系人管理事项						
序号	主要干系人名称	所需参与程度	实际参与程度	管理策略	跟踪频率	备注

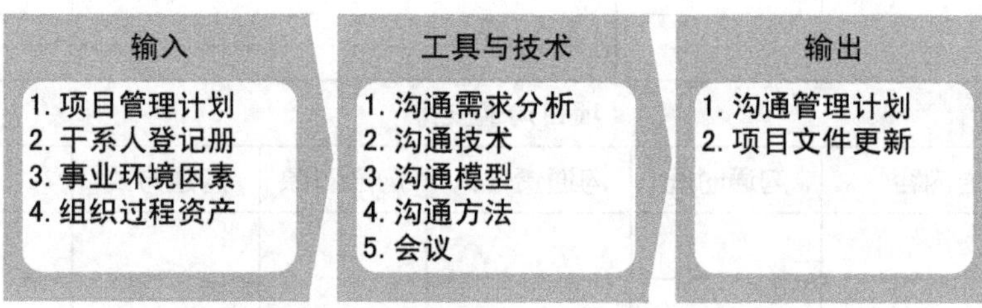

图 4-25 规划沟通管理过程中的输入、工具与技术及输出

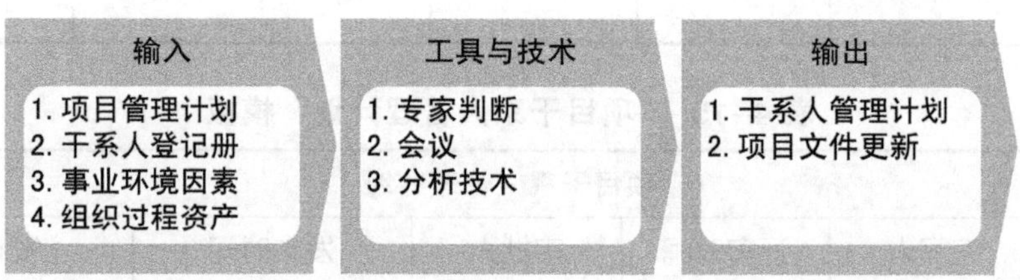

图 4-26 规划干系人管理过程中的输入、工具与技术及输出

通过制订“项目沟通管理计划”，张成功明白“项目沟通管理计划”一定要做到五个正确：在正确的时间，由正确的人，把正确的信息，通过正确的渠道，发送给正确的人（项目培训计划模板见表 4-16）。

表 4–16 “项目培训计划”模板

项目培训计划					
版本号	编写人	评审时间	审批人	发布时间	发布说明
项目名称					

项目培训安排							
序号	培训内容	培训目的	培训方式	培训老师	培训负责人	培训对象	培训效果评估方式

各子计划全部完成后，张成功组织了项目管理计划评审会议，并按评审会议纪要对相关内容进行了修改和完善，将计划发给了部门经理邹百通。“项目管理计划”的模板如下（见表4-17）。

表 4-17 “项目管理计划”模板

<table>
<tr><th colspan="6">项目管理计划</th></tr>
<tr><td>版本号</td><td>编写人</td><td>评审时间</td><td>审批人</td><td>发布时间</td><td>发布说明</td></tr>
<tr><td></td><td></td><td></td><td></td><td></td><td></td></tr>
<tr><td></td><td></td><td></td><td></td><td></td><td></td></tr>
<tr><td></td><td></td><td></td><td></td><td></td><td></td></tr>
<tr><td></td><td></td><td></td><td></td><td></td><td></td></tr>
<tr><td colspan="3">项目名称</td><td colspan="3"></td></tr>
<tr><td colspan="6">项目管理计划简介</td></tr>
<tr><td colspan="6">项目概述（包括项目背景、项目目标、假设和约束条件等）</td></tr>
<tr><td colspan="6">范围管理和需求管理基本约定（包括约定需求粒度的划分标准、界定范围的基本原则、WBS的分解原则、需求实施的优先级原则等）</td></tr>
<tr><td colspan="6">进度管理基本约定（包括约定估算准确度的偏差阈值、各种资源的计量单位、制订进度计划的方法和工具、进度偏差临界值等）</td></tr>
<tr><td colspan="6">成本管理基本约定（包括约定估算准确度的偏差阈值、各种资源的计量单位、成本精确度标准、成本偏差临界值、绩效测量规则等）</td></tr>
<tr><td colspan="6">项目组织机构及人员名单、分工
项目组的人员及分工，可引用“项目人力资源管理计划”文件。</td></tr>
<tr><td colspan="6">项目估算
引用相关估算文件。</td></tr>
<tr><td colspan="6">项目需求调研计划
引用</td></tr>
</table>

续表

项目管理计划
项目设计和开发计划 引用
项目实施计划 引用
项目质量管理计划 引用
项目质量审计计划 引用
项目测试计划 引用
项目配置管理计划 引用
项目风险管理计划及风险登记册 引用
项目采购管理计划 引用
项目沟通管理计划 引用
项目干系人管理计划 引用

续表

项目管理计划
项目培训计划 引用
项目验收计划 引用

邹经理认真审阅了各项计划，认为计划考虑得比较周到和全面，于是在项目管理计划上签了字表示同意。

张成功对邹经理说："项目组的人员是陆续到位的，我需要把这些估算的结果、计划等分发给后续参与项目工作但没有参加之前估算和规划的人看，得到他们的反馈后，这些估算和计划可能会有调整。"邹经理认同了张成功的做法。

至此，张成功总算完成了"项目管理计划"的第一版，他深深知道，在项目的推进过程中，该计划还需要不断完善和修改，即需要进行"滚动式规划[1]"。

计划虽然制定出来，但张成功感觉到由于自己的经验不足，在整个计划的制定过程中，存在一个明显的不足之处：那就是没有制订计划之前的计划，所以工作起来有点丢三落四！他暗暗给自己提醒：以后的项目，在制订"项目管理计划"之前，一定要制订一个计划来指导制订"项目管理计划"这项工作。

本节内容精要

- 质量保证工程师苏宝政编制了"项目质量保证计划"，测试经理艾策饰制订了"项目测试计划"。
- 张成功在完成"项目沟通管理计划""项目干系人管理计划"和"项目培训计划"之后，把所有计划汇总成为了"项目管理计划"。
- "项目管理计划"通过了评审和审批。

1 所谓滚动式规划，是指随着项目工作的不断推进，需要对"项目管理计划"进行必要的调整、完善和细化。

第五章

执行让结果由“虚”变“实”

人的问题是最大的问题

由于项目组采用的是强矩阵型组织结构，因此资源是根据项目的推进和实际需要陆续到位的，这无疑增加了张成功组建和建设项目团队的难度。不过，张成功非常清楚，这样做能避免资源的浪费，对公司、对项目组都是非常有好处的（组建项目团队过程中的输入、工具与技术及输出见图 5-1）。

输入	工具与技术	输出
1. 人力资源管理计划 2. 事业环境因素 3. 组织过程资产	1. 预分派 2. 谈判 3. 招募 4. 虚拟团队 5. 多标准决策分析	1. 项目人员分派 2. 资源日历 3. 项目管理计划更新

图 5-1 组建项目团队过程中的输入、工具与技术及输出

在组建项目团队的过程中，由于邹经理的支持，加之计划做得比较细，张成功并没有花太多的精力，也没有用到太多的工具和技术。只是有一次遇到了资源冲突，项目中需要的一个架构师与另一个项目刚好发生时间冲突，张成功没有能说服另一个项目的项

目经理，没能在需要的时候争取到这个资源，所以项目受到了一定的影响。事后，张成功也做了自我反思，意识到制订项目管理计划时，一定要考虑资源的可用性，另外，项目经理的谈判技能，对解决资源冲突、解决干系人期望等问题有非常重要的作用，自己在这方面确实比较欠缺。为此，他还专门利用周末的时间，参加了两场说服力的培训和训练，以此增强自己的沟通能力和谈判能力。

项目前期，在张成功及项目团队的共同努力下，一切还算顺利，基本能按计划推进工作。慢慢地，随着项目组人数的增加，张成功感觉到工作效率越来越低，团队成员似乎不太服从张成功的领导和安排。

特别是到了项目开发阶段，新加入的开发工程师和之前加入团队的成员之间经常发生争执，对发生的错误相互推诿。项目团队老成员认为新加入的成员效率低下，延误项目进度；新成员则认为项目团队老成员不好相处，不能有效沟通。张成功认为这是正常的项目团队磨合过程，没有过多干预，只是批评新加入的成员效率确实偏低，要求新加入的成员要多向老成员虚心请教。这样团队的工作气氛也就变得越来越紧张。

张成功尝试按照建设项目团队和管理项目团队的过程要求（见图 5-2 和图 5-3），开展了一些团队建设和管理活动，也通过面谈的方式和团队成员进行过沟通，但感觉效果不佳。

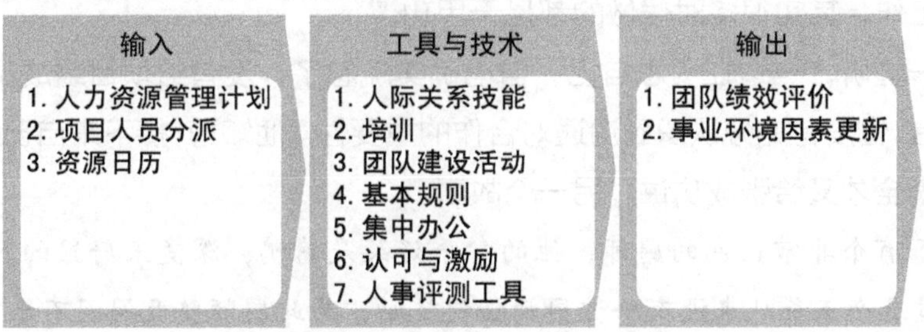

图 5-2　建设项目团队过程中的输入、工具与技术及输出

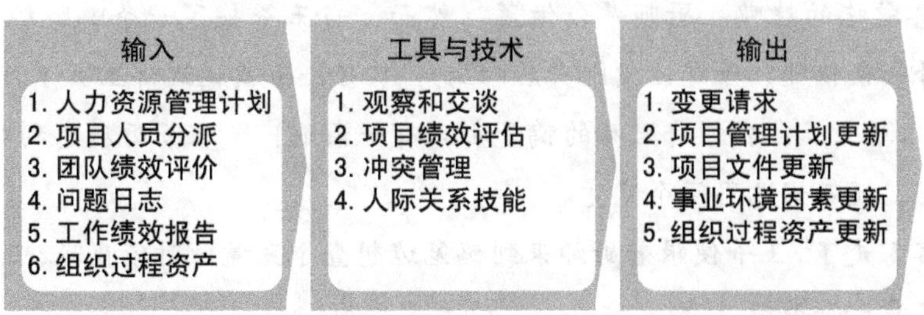

图 5-3　管理项目团队过程中输入、工具与技术及输出

张成功非常苦恼，不知道问题出在哪里，于是他只好再次去找资深项目经理李全才。

就在一个星期六的早上，张成功约李全才一起去喝早茶[1]。李全才听完张成功对自己近段所面临的人力资源管理方面的困惑后，感同身受，因为类似情况李全才之前也遇到过。李全才感觉到一方面是团队成员之间缺乏充分的沟通，另一方面，张成功缺乏对团队成员特别是新成员的激励、鼓励和表扬。

李全才吃了一块香甜的芋饼，首先给张成功讲了一个故事。

一位老大爷去农田里干农活，早上他看到来了一拨人，隔一段距离挖一个坑，隔一段距离挖一个坑，挖完之后就走了。下午他来到农田里继续干农活的时候，又看到来了一拨人，把那些坑填上踩一踩，填上踩一踩。老大爷觉得非常奇怪，于是他放下手中的农活就过去问这帮填坑的人。他说：“师傅，你们在干什么呀？早上来了一帮人挖了一个又一个坑，现在你们又填了一个又一个坑。”这帮填坑的人说：“老大爷，您这就不知道了，今天是植树节，我们公司组织植树，早上办公室负责挖坑，销售部负责放树，我们项目部负责填坑，也不知道销售部今天因为什么事情没有来，反正我们各自把各自的事情干完就行了。”

故事讲到这里，李全才故意停顿了一下，他又吃了一块点心，继续说：“目前你这个团队，成员之间缺乏良好的沟通，因为缺乏沟通，所以影响到有效合作，这样看似大家都在辛苦的工作，其实很多时候做的都是无用功。”

张成功一边听，一边在反思自己：自己确实疏忽了，没有给项目组成员营造一个良好的沟通平台，也没有充分认识到沟通对合作的重要性。他知道，接下来自己该如何做了。

接着，李全才又给张成功讲了另一个故事。

王爷手下有个非常出色的厨师，他的拿手好菜是烤鸭，深受王府里的人喜爱，尤其是王爷。不过这个王爷从来没有给过厨师任何鼓励，为此厨师整天闷闷不乐。

有一天，王爷家来了远方客人，于是在家设宴招待宾客，点了好几道菜，其中一道菜是王爷最喜爱吃的烤鸭。厨师奉命做菜。然而，当王爷挟了一条鸭腿给客人的时候，却找不到另外一条鸭腿，于是他便问身后的厨师：“另一条鸭腿到哪里去了？”

厨师说：“禀王爷，我们府里养的鸭子都只有一条腿！”王爷听后感到非常奇怪，但碍于客人在场，还不好意思问个究竟。

晚饭后客人走了，王爷便跟着厨师来到鸭笼边想查个究竟。时值夜晚，鸭子正在睡觉。每只鸭子都只露出一条腿。

---

[1] 喝早茶是广东人的一种饮食文化。

厨师指着鸭子说："王爷您看，我们府里的鸭子不是全都只有一条腿吗？"

王爷听后没有作声，他大声拍掌以吵醒鸭子，鸭子惊醒之后都站了起来。

王爷说："鸭子不全都是两条腿吗？"

厨师说："对！对！对！不过，只有您拍手鼓掌的时候，鸭子才会有两条腿呀！"

李全才说："根据你刚才对我的描述，你对项目组成员抱怨得多，欣赏和激励得少，所以一段时间下来后，大家的工作热情就会下降。你一定要注意多发现下属的优点并予以真诚的赞美，要知道'用人所长，天下无不可用之人；用人所短，天下无可用之人'的道理。即使你是批评和教育下属，也需要采用'私下—正式—惩戒[1]'的顺序，采用合适的批评技巧。"

接着，李全才又给张成功讲了第三个故事。

著名教育家陶行知先生曾经担任过一所小学的校长。一天，陶行知先生看到学生王友用泥块砸班上的同学，他上前制止了王友，并让他放学后到校长办公室。放学后，陶行知来到校长办公室，发现王友已等在门口准备挨训了。但出乎意料的是，陶行知先生没有训斥他，反而给了他一块糖，并说："这是奖给你的，因为你很准时，我却迟到了。"王友惊疑地瞪大了眼睛。陶行知先生又掏出第二块糖对王友说："这第二颗糖也是奖给你的，因为我不让你再打人时，你立刻就停止了，这说明你很尊重我，所以我应该奖励你。"接着陶行知先生又掏出了第三块糖，说："我刚才已经调查过了，你砸的那些男生，是因为他们不遵守游戏规则，他们欺负女生；你砸他们，说明你正直善良，有勇气跟坏人作斗争，所以应该奖励你！"这时王友感动极了，他哭着说："陶校长，你惩罚我吧！我做错了，我砸的不是坏人，他们是我班上的同学啊……"陶行知先生这时笑了，他马上掏出第四块糖，说："因为你能正确地认识到自己的错误，我再奖励你一块糖。我的糖发完了，我们的谈话也到此结束吧。"学生打人，陶行知先生没有训斥，没有疾言厉色，更没有打骂，却让学生一步步完成了对自己错误的认识。他用 4 块糖就让学生认识到了自己的错误，同时发掘出了学生的 4 个优点：守时、尊重他人、正义和勇于认错。我们在感叹陶校长高超的批评艺术的同时，不得不深入思考，我们如何正确地开展批评教育工作。

故事讲完后，李全才补充道："成功，你在处理新老员工之间的冲突方面，也有失偏颇，你不能只批评新员工，而袒护老员工。冲突产生了，一定要分析冲突双方各自存在的问题，然后公平、公正地去解决。问题考虑不全面，容易让人有意见。这方面你以后也要注意。"

---

1 工作中一般性问题第一次出现，私下聊聊；第二次出现，正式警示；第三次出现，再按制度惩罚。

张成功如当头棒喝，猛然惊醒，他豁然明白了自己以前哪些方面没有做好，接下来应该如何做，心里有说不出的高兴和激动。

从此以后，张成功在团队建设和管理工作上特别用心，也取得了不错的实际效果。关于张成功在团队建设和管理上的具体措施和心得体会，详见第八章。

本节内容精要

- 在项目建设过程中，张成功根据“项目人力资源管理计划”让团队成员陆续到位，并进行着项目团队建设和团队管理工作。
- 在项目团队建设和管理过程中，张成功遇到了一些问题和困难，资深项目经理李全才给张成功讲了3个小故事，让张成功明白了沟通和表扬下属的重要性，以及应该如何进行批评。

向执行要结果

张成功按照自己所学到的项目管理知识，按部就班地开展着指导与管理项目工作的活动（见图5-4）。

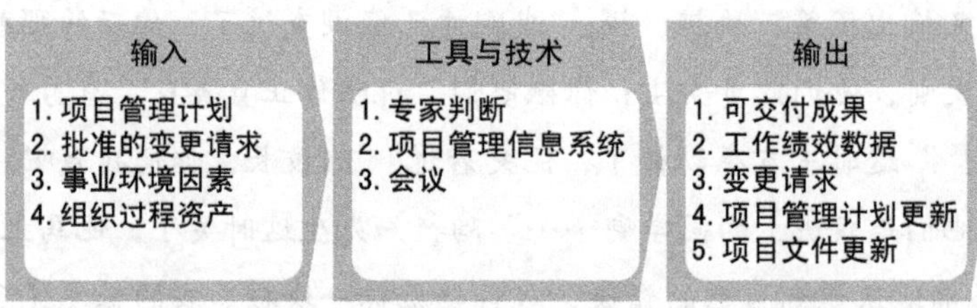

图 5-4 指导与管理项目工作过程中的输入、工具与技术及输出

项目建设方签署“用户需求说明书”后，开发经理习开花便根据“项目设计和开发计划”组织相关技术人员进行系统设计工作，根据该项目的实际需要，他们分别进行了架构设计、系统设计、数据库设计和模块设计；然后，根据模块设计安排程序员编写代码。

张成功从管理的角度关注项目的进展和质量，习开花从技术的角度关注项目的进展和质量，在整个项目的建设过程中两人配合得还算不错。

有一天，习开花发现他所管理的一名开发工程师的工作进度总是拖延，本可当天完成的工作，他总是拖拖拉拉到第二天，才不紧不慢地完成。习开花和这名开发工程师进行了沟通，但没有产生多少改进效果。

张成功得知此事后，意识到是这名开发工程师在思想认识上出了问题，必须从思想层面上去解决。于是，张成功利用下班一起同行的机会，和这名开发工程师讲了一个这样的故事（张成功不愧是资深项目经理李全才的学生，他也学会了采用故事的方式让下属明白一些道理）。

五官科病房里同时住进来两位病人，都是鼻子不舒服。在等待化验结果期间，甲说，如果是癌，就立即去旅行，并首先去拉萨。乙也同样如此表示。结果出来了，甲得的是鼻癌，乙长的是鼻息肉。

甲列了一张告别人生的计划表离开了医院，乙住进了医院。甲的计划表是：去一趟拉萨和敦煌，从攀枝花坐船一直到长江口，到海南的三亚以椰子树为背景拍一张照片，在哈尔滨过一个冬天，从大连坐船到广西的北海，登上天安门，读完莎士比亚的所有作品，力争听一次瞎子阿炳原版的“二泉映月”；写一本书……凡此种种，共27条。

他在这张生命的清单后面这样写道：我的一生有很多梦想，有的实现了，有的由于没有行动而没有实现。现在上帝给我的时间不多了，为了不遗憾地离开这个世界，我打算立即行动，用生命的最后几年去实现这27个梦想。

当年，甲就去了拉萨和敦煌。第二年，他又以惊人的毅力和韧性通过了成人考试。在这期间，他登上过天安门，去了内蒙古大草原，还在一户牧民家里住了一个星期。现在甲正在实现出一本书的宿愿。

有一天，乙在报上看到甲写的一篇散文，于是打电话去问甲的病情。甲说：“我真的无法想象，行动的力量是多么的巨大而惊人，以前我总以为有的是时间而犹豫、彷徨、踌躇不前，现在行动起来去实现自己想要实现的梦想，才体会到了行动的真正力量，才真正感受到了什么是真正的生命和人生。你生活得也挺好吧！”乙没有回答。因为在医院时说的去拉萨和敦煌的事，被乙抛到了脑后，一直没有行动过。

张成功接着说，我以前工作总是拖拖拉拉，行动力不强，结果浪费了很多时间，后来是公司资深项目经理李全才指正了我，我非常感激他。其实，行动是创造一切成果的本源，我们只有通过执行，才能得到结果；只有通过高效率的执行，才能得到更多、更好的结果。

这名开发工程师在张成功“润物细无声”的点拨之下，终于意识到了自己的问题。第二天，他回到办公室，在自己的办公桌前摆了这样一条便签：“不要让自己的生命在等待和拖延中逝去”，作为对自己的提醒和鞭策，后来他的工作效率有了明显的提升。

本节内容精要

- 张成功指导和管理着项目的执行工作。
- 一名工作拖拉、行动力不强的开发工程师被张成功的一个启智小故事点醒，绩效步步攀升。

项目经理是项目团队的“领头羊”

一天中午，张成功外出就餐，路上刚好遇到了公司人力资源部经理赵和谐，两人边走边聊有关团队执行力的问题，赵和谐给张成功提出了一些很有建设性的意见和建议。特别是赵经理给张成功分享的一个故事，让张成功清楚了自己这只领头羊究竟应该如何做。

赵经理分享的故事如下。

一对中年夫妇，他们俩要回老家，车票很难买，但他们很幸运，买到了回老家的坐票，上车以后丈夫发现他们俩的座位那儿已经坐了一位女士，他没有让那位女士站起来，而只是让自己的妻子坐在这位女士的旁边。妻子坐在那儿，看了看旁边这位女士，发现这位女士右腿是残疾的，她才明白自己的先生为什么没有让她站起来。车一直往前开，这位先生始终在那儿站着，在整个过程中他都没有告诉这位女士说这个座位是他的，就让那位女士坐着。他自己一直站了 3 个多小时，他们到站了，下车了。下车以后妻子很感动也很心疼自己的丈夫。她对丈夫说："让位是善行，可是这一路你站了这么久，你中途完全可以跟她换一换，你也坐一会儿嘛。"这位先生说："人家不方便一辈子，我不过不方便 3 小时而已；我可以给她 3 小时的方便，不是很好吗？"我们看这位先生助人还不让人知道，他并没有说这座位是我的，他没有让对方感到丝毫的不安。而这位妻子，她很心疼自己的丈夫，说让位是善行，还说"可是你这一路站这么久，你中途完全可以跟她换一换"，可是她自己为什么就不可以和自己的丈夫换换呢？我们显然不能说这位妻子她不爱自己的丈夫，但是在潜意识中却把自己放到了一个例外的地方，只想到要别人让座，而没有想到自己也可以这样做。

张成功毛塞顿开，他明白，自己是 team leader（团队领导），应该起到模范带头作用，绝对不能成为故事中的那位“妻子”。

“村看村，户看户，群众看干部”，在项目建设过程中，张成功一直严格要求自己，成为了团队成员的榜样和表率。

后来，他还专门写了一篇文章，发表在网络上，文章的标题是《项目经理的人格魅力之源》，文章的主要内容如下。

项目经理的人格魅力主要来源于五个方面。

（1）自身实力。

项目经理的自身实力，主要指业务能力和管理能力，当然还包括人际沟通能力、判断能力、决策能力、应变能力等，能力是项目经理魅力散发的重要源泉。

团队有一个能力超强的领导，往往能使团队成员有“安全感”，也更有必胜的信心，更容易让人“心服口服”。

作为项目经理，自身能力强，领导团队时往往也会大胆些，因为“艺高人胆大，有实力才会更有底气”。

需要项目经理能力强，并不是要求项目经理每一方面都强于下属，这也是不切实际的；只是说越强的个人能力，对项目经理人格魅力的散发越有帮助（当然，项目经理不能依仗自己的能力而盛气凌人、发号施令）。

（2）为人诚信。

没有人愿意与弄虚作假的人打交道；当然也没有人愿意和一个“诚信可疑”的领导合作，因为这样的领导很难给团队带来奇迹，也很难给团队成员带来希望。

孔子曰：“人而无信，不知其可。[1]”诚信乃魅力之本。项目经理作为团队领导，需要“言必信、行必果”；出尔反尔或不履行承诺的项目经理，人格魅力将会大打折扣。

（3）以身作则。

没有下属的积极支持，团队工作效率势必下降，业绩势必下滑，严重时将导致团队分崩离析。而缺乏下属支持的团队领导，主要原因往往是团队领导不能以身作则。

“己身正，不令而行”，领导是一面“镜子”，是下属效仿的榜样。“只许官家放火，不许百姓点灯”的领导，是注定得不到下属支持的。领导只有践行以身作则的工作风范，成为下属效仿的表率，才能得到下属自觉的尊敬和支持。

当然，以身作则并不是要求项目经理事事亲力亲为，而主要是要求项目经理带头执行好团队的各项规章制度。

（4）公平公正。

项目经理在对待团队成员时，需要“一碗水端平”，让团队成员都能感受到公平公正的待遇。

[1] 出自《论语·为政》，这句话的意思是：一个人不讲信用，是根本不可以的。

“厚此薄彼”的领导所能获得的支持是有限的（被“厚”的少部分人一段时间会支持这样的领导，因为他们得到了好处；但是被“薄”的这部分人，肯定不会“心悦诚服”，其结果也就可想而知）。

一个智慧的项目经理，一定会采用统一的标准和规范来公平公正地处事待人，因为他深深知道，唯有如此才能得到团队最广大成员的支持，而得到团队最广大成员的支持是团队获得成功，继而也是自己能获得成功的重要保障。

（5）关爱与包容。

天下第一村——华西村原党委书记吴仁宝在接受记者采访时说“有福民享，有难官当”，这句发自肺腑的话实际上就折射出他对村民（下属）的关爱，这也许是他和他们村能获得如此成功的最深层次的原因。

“捕获”人心最有效的办法就是发自内心地给予关爱，积极友善地给予包容。

项目经理需要养成尊重、理解和包容下属的人格品质，这样才能真正拥有“人心”；而拥有了人心，也就意味着拥有一切，因为“人”是一切奇迹可能被创造的“本源”。

后来，张成功还写了这样一段心灵感悟，发表在自己的新浪微博上。

人格魅力是一个人综合素养的集中体现，需要我们不懈地充实和维护；项目经理通过不断地锤炼来提升自己的人格魅力。有时，与其去冥思苦想什么领导方法和策略，不如多花些时间提升自己的人格魅力来得有效。项目经理作为基层领导，其权力往往是有限的，因此就更需要培养和发挥自身的人格魅力去影响和带动下属。

本节内容精要

- 公司人力资源部经理赵和谐给张成功讲了一个故事，让张成功感悟到了作为团队的“领头羊”究竟应该如何做。
- 张成功的博文《项目经理的人格魅力之源》总结了项目经理人格魅力的五个来源：自身实力、为人诚信、以身作则、公平公正、关爱与包容。

把采购落实到位

一天晚上，张成功从梦中惊醒，忽然想起项目中的采购计划还没有落实。第二天一大早，他就找到公司采购部负责该项目采购工作的采购专员庄彩够，商量在做采购计划时所规划的需要采购的硬件设备和多媒体培训系统的事宜。

其实，在“项目管理计划”中，有对庄彩够执行采购工作任务的具体安排，只是张成功忘记“盯”，所以庄彩够也就没有及时去落实此事[1]。

张成功把自己学到的项目知识体系中关于采购的相关知识和小庄进行了沟通（见图 5-5）。

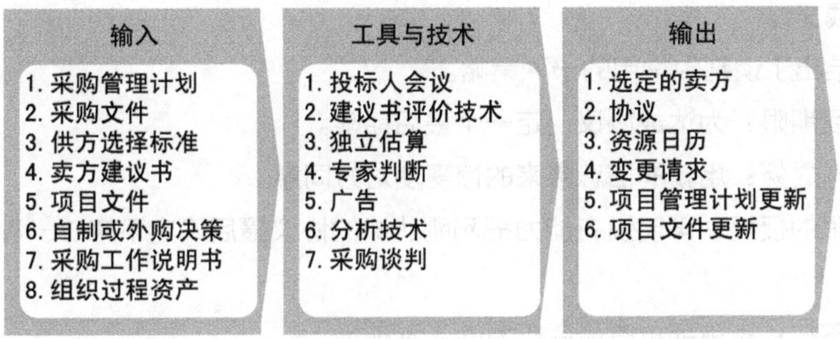

图 5-5 实施采购过程中的输入、工具与技术及输出

小庄原来一直按公司流程按部就班地执行采购，这次通过和张成功的合作，也学到了很多以前没有接触到的知识，心里非常高兴。

硬件供应商和多媒体培训系统供应商被选择确定后，他们俩一同总结和细化了公司采购流程。

第一步：组建询价班子。

第二步：编制询价文件和标底。

第三步：发布招标公告。

第四步：进行投标资格的预审。

第五步：召开文件答疑会。

第六步：开标、询标、评标。

第七步：决标、授标、签约。

在和供应商谈判的过程中，他们总结出了谈判的 5 个阶段。

第一阶段：礼貌寒暄（问寒问暖）——“破冰”。

第二阶段：互相试探（确定并斟酌对手关心的问题，不对问题进行辩论，识别对手的强项和弱项）——“了解底线”。

[1] 这样的事例告诉我们，对项目组成员的工作监督是非常重要的。

第三阶段：讨价还价（进入实质性的会议谈判，进行实际的讨价还价，讨论双方的问题差异，缩小双方的差距，作出一定的让步）——“实质性谈判”。

第四阶段：收尾阶段（双方总结谈判情况，作出最后让步，对双方达成的协议建立总结文档）——“达成共识”。

第五阶段：签订协议（确定双方对协议的理解，并将最后形成的文档归档，签订合同）——“成交”。

同时总结出了谈判中常用的十种策略。

（1）最后期限：为达成协议，定一个最后期限。

（2）意料之外：用新的信息带来的惊喜使对方同意。

（3）有限的授权：声明没有能力把刚刚达成的协议最后确定下来（一种拖延时间的策略）；

（4）人不在：声称那位有最后权力的人不在场。

（5）战略延迟：要求体会（如试用产品），以便把注意力从现在的讨论中移开，或改变谈判部署。

（6）共同推理：一同研究处理遇到的问题，使之变得对双方都有好处。

（7）撤回：就一个问题进行假攻击，然后撤回（以便把注意力从一个弱点转移开）。

（8）讲道理：设法使对方的要求显得没有道理。

（9）建议仲裁：用来恐吓对方达成协议的一种办法。

（10）既定事实：声称所争论的一个问题已经被决定下来，或已经解决，或已成定局，因而不可能加以改变。

本节内容精要

◆ 公司采购部负责该项目采购工作的采购专员庄彩够在张成功的支持下完成了采购工作。

◆ 张成功和庄彩够一起总结和细化了公司采购流程、与供应商谈判的五个阶段，以及谈判中常用的十种策略。

“质量保证”让项目更抗“风雨”

张成功像“领头羊”一样，引领着项目团队成员一步步向前推进工作，质量保证工程师苏宝政（苏宝政来自公司过程质量部，与张成功不属于同一部门）也忠实执行着"警察"的职能，时时关注着项目执行的过程（见图 5-6）。

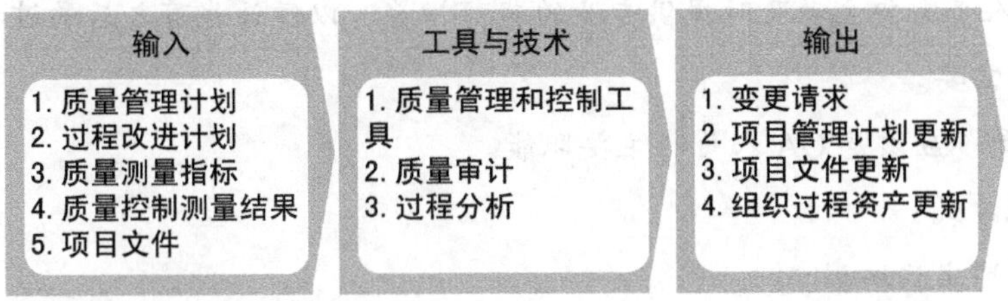

图 5-6 实施质量保证过程中的输入、工具与技术及输出

最开始，张成功对苏宝政给自己和项目团队的"第三只眼"监督感到不舒服，认为有点碍手碍脚，为此张成功和苏宝政之间曾经还出现过一些不愉快，两人之间的关系也一直很微妙。有一天中午一起吃饭时，张成功、苏宝政和公司过程质量部经理闫格刚好坐在一桌，他们无意中聊到了这个话题，闫格说，质量保证工程师是公司特意安排的，他的工作是帮助项目经理把项目管理工作开展得更好，这样更有利于项目组和公司。

利用这个机会，闫格对着项目经理张成功和质量保证工程师苏宝政讲了有关质量保证的一课。

QA（Quality Assurance 的英文缩写），顾名思义是"质量保证"的意思。

我们通常认为 QA 是代表公司监督项目组工作的，是一个以"过程审计"为主要职能的"执法者"。实际上，这种观点是不完全正确的。

QA 的主要职能是服务，具体包括："过程指导职能""执法职能"和"过程改进职能"。

（一）过程指导职能

（1）职能描述

QA 人员需要为项目组提供贴身的过程指导。过程指导包括为项目组提供正式的过程培训、非正式的过程辅导、过程释疑以及协助项目组进行过程裁剪等。

所谓"正式的过程培训"，是指根据项目的实际情况，QA 需要对项目相关人员进行正式的管理过程培训，让需要"执行过程"的人员掌握如何"执行过程"，即让项目组成员做到"要用先会用"。

所谓"非正式的过程辅导"，是指根据项目组执行过程的实际情况和效果，提供及时的个性化辅导，让过程执行者更好地掌握过程的精髓和过程的执行方法。

所谓"过程释疑"是指根据实际需要，向过程执行者解释他们对过程的疑惑或不正确的理解，让相关人员更明白过程的内涵及如何能更有效、更正确地执行过程。

所谓“协助项目组进行过程裁剪”是指项目经理根据项目的实际情况裁剪公司标准过程时，QA人员需要主动及时提供专业的裁剪指导，以便让裁剪之后的过程能很好地满足项目的实际需要。

“过程指导”应该是QA人员的主要职能。

（2）实现方式

（a）按计划实施培训

QA需要根据项目组制定的“项目培训计划”认真实施培训，确保项目组成员在使用过程之前，得到了该过程的培训，并且确保培训是有效的。过程培训实际上是QA采用“推”的方式，让项目组成员尽快掌握过程。

（b）事前提醒

有些QA人员，平时不注意跟踪项目以及为项目提供必要的过程执行提醒，审计时则“毫不留情”地判罚。这通常会引起项目经理的反感。

在项目组可能执行到某个过程之前，QA需要及时提醒项目经理所需要注意的事项，让过程执行者尽量不要因为疏忽而出现项目活动不符合过程要求的问题。QA一般在项目的周例会、月例会、里程碑总结会等项目组安排下一阶段工作的会议上及时提醒比较合适也比较有效。

（c）及时交流

根据项目组提出的需求（如过程裁剪需求）或QA自身的观察，就过程执行的一些问题进行及时沟通和交流。及时交流实际上是QA采用“拉”的方式，让项目组成员更好地掌握过程。

（二）执法职能

（1）职能描述

所谓“执法职能”即“过程审计职能”。QA人员需要代表公司“执法”，即审计项目的过程符合程度和过程执行的质量。执法职能包括宣传公司的管理思想和进行项目过程的审计等。

（2）实现方式

（a）做过程的传播者

人只有有了正确的思想，才会有正确的行动。项目组成员对公司质量保障体系的作用可能并不十分了解，这样认识上就会存在偏差，从而会阻碍过程的推进和执行。QA 需要充当过程传播的使者。

QA 需要以积极正面的态度向项目组宣传公司实施质量保障的重要意义以及对项目组的好处，让他们从心底里相信并接收公司所要求执行的质量保障体系。这其实也是为"过程审计"扫清障碍。

（b）充分沟通

虽然 QA 需要履行监督的职能，但切忌扮演成一个地地道道的"找茬者"。QA 可以通过充分和项目组成员沟通，让他们理解 QA 的执法职能（即 QA 的过程审计工作）并不是为难大家，而是为了协助项目组一起管理好项目，从而让项目组和 QA 真正成为合作的共同体，而不是对立面。

（三）过程改进职能

（1）职能描述

QA 人员既需要传承和推广公司的既有过程，也需要发展和改进公司的既有过程。过程改进主要包括收集过程数据、提供过程改进建议等。

（2）实现方式

（a）积极推进

QA 的工作，短期来说是为公司能较好地推行过程服务，长期来说也是为公司过程的持续改进并不断提高公司管理水平服务。QA 是公司过程与项目活动之间的桥梁。因此，QA 需要积极主动地指导和推进项目经理收集过程数据和项目数据的工作，为公司过程的可持续改进提供真实有用的数据。

（b）充当表率

过程改进人人有责，QA 更是责无旁贷。由于 QA 一般比较熟悉公司的过程，而且还熟悉多个项目的实际情况，因此更能也更容易发现公司既有过程可能存在的问题和需要改进的方面。另外，QA 积极提供过程改进建议，也是对项目经理和其他项目成员一种潜移默化的影响，从而让大家都养成一种为公司过程改进积极献计献策的良好风尚。

总之，QA 的主要职能是服务，"过程指导"是直接服务于项目组，间接服务于公司；"执法"是直接服务于公司，间接服务于项目组。因此，QA 人员对自身的角色扮演一定要有充分的认识和理解，既不能板起面孔"执法"，也不能"你好我好大家好"式地"和稀泥"。

闫格最后说：“根据我多年的工作经验[1]，我统计出：QA在过程指导、执法和过程改进方面的工作量大约分别占QA总工作量的60%、30%和10%，否则就难以真正体现QA以服务为主的职能。我们一定要确保‘过程指导’的工作量占总工作量的主体；唯有如是，QA的职能才能充分发挥，QA和项目组之间的关系才更和谐。”

通过过程质量部经理闫格的阐释，张成功和苏宝政都释怀了，知道彼此的工作内容虽然不同，但大家的出发点和目的都是一致的，因而也更加明白了自己到底需要如何做。

回到办公室，质量保证工程师苏宝政细看了一遍“实施质量保证”过程，发现该过程中提到的“质量审计”和“过程分析”这两个工具，前者是服务于项目组的，后者是服务于公司过程改进的，与部门经理闫格总结的QA的职能实际上不谋而合。

后来，张成功和质量保证工程师苏宝政一直配合得很多，项目一路走来，没有出现明显的过程执行和质量问题。

在项目里程牌的一次总结会上，两人得出了一句共同的心声：“质量保证”让项目更抗“风雨”。

在项目的执行过程中，苏宝政采用如下模板向项目组和过程质量部经理闫格报告审计结果（见表5-1）。

表5-1 “QA审计报告”模板

QA审计报告	
项目名称	
审计报告编号	
审计日期	
本次审计内容	
本次审计工作量（人时）	
过程审计	
受检查的过程	检查结果

[1] 闫格之前在一家已经通过CMMI3级的公司工作过5年，有比较丰富的质量保证和过程改进经验。

续表

<table>
<tr><th colspan="4">产出物质量审计</th></tr>
<tr><td colspan="2">被检查的产出物</td><td colspan="2">检查结果</td></tr>
<tr><td colspan="2"></td><td colspan="2"></td></tr>
<tr><td colspan="2"></td><td colspan="2"></td></tr>
<tr><td colspan="2"></td><td colspan="2"></td></tr>
<tr><th colspan="4">问题与建议</th></tr>
<tr><td>问题</td><td colspan="3"></td></tr>
<tr><td>解决建议</td><td colspan="3"></td></tr>
<tr><td>QA（审计师）签名</td><td></td><td>签名日期</td><td></td></tr>
<tr><td>项目经理（问题处理者）签名</td><td></td><td>签名日期</td><td></td></tr>
<tr><td>QA（问题关闭者）签名</td><td></td><td>签名日期</td><td></td></tr>
<tr><td colspan="4">备注：QA 发现和提出的问题，项目经理一定要在规定的时间内安排解决，QA 才能最终结束这些问题。</td></tr>
</table>

本节内容精要

- 质量保证工程师苏宝政给项目组提供过程辅导和过程审计工作，在每次审计工作结束后提交“QA 审计报告”。
- 公司过程质量部经理闫格给张成功和苏宝政总结了 QA 的三大职能（过程指导职能、执法职能和过程改进职能）及其实现方式。

培训，提升员工的能力和素质

在项目建设过程中，张成功根据“项目培训计划”组织实施了阳光心态励志培训、公司项目管理流程体系培训、人际沟通培训、Java 开发工具培训、Oracle 数据库开发技术培训、WebLogic 应用服务器部署培训等 11 场次的培训，通过培训提升相关人员的工作意愿、工作能力和素质。

为了检查培训效果，每次培训结束后，张成功都会让负责培训的培训师组织考试，并把考试成绩作为员工能力成长的依据之一，也作为后续绩效考核数据的一部分。为了改进培训方式、课程内容和培训组织工作，每次培训结束后，张成功都会让受训学员填写“培训效果反馈表”,然后对“培训效果反馈表”进行统计和分析。张成功团队设计的“培训效果反馈表”的模板如下（见表 5-2）。

表 5-2 “培训效果反馈表”模板

培训效果反馈表			
课程名称		培训讲师	
填表人		填表时间	
对讲师的评价（共 10 个指标，每个指标的最高分为 10 分）			
指标	得分	指标	得分
讲解清晰、善于举例		对课程的熟悉程度	
内容丰富、吸引人		鼓励学员发言	
表达能力		回答学员提出的问题	
授课方法与技巧		讲师的精神面貌	
课前准备充足		讲师的职业态度	
对课程的评价（共 6 个指标，每个指标的最高分为 10 分）			
指标	得分	指标	得分
内容安排		适合学员的需要	
知识涵盖		便于在工作中使用	
重点突出		课时长短适当程度	
对培训组织工作的评价（共 4 个指标，每个指标的最高分为 10 分）			
指标	得分	指标	得分
培训会议组织		后勤服务	
培训场地		培训讲义的装订	
关于本次培训，您认为那些地方需要改进?			

总的来说，张成功团队所实施的员工培训，效果还算差强人意。

关于培训，张成功后来写了一篇微博，总结了如下几点经验。

（1）虽然培训是一种很好的提高员工能力和素质的方式，但培训毕竟是辅导而不是主导，所以培训不是万能的。

（2）参加同样的培训，有些人进步很大，有些人进步很小，可见“外界只能影响你，改变终究靠自己”。

（3）要想实现培训效果最大化，讲师、培训组织者和学员三方必须互相配合；

（4）培训一定要有针对性，不能“一锅炒”。

（5）必须对培训效果进行追踪。

本节内容精要

- ◆ 在项目建设过程中，张成功依据“项目培训计划”组织实施培训工作。
- ◆ 每次培训结束后，都会组织受训人员参加考试和填写“培训效果反馈表”。
- ◆ 张成功在微博上总结了自己关于培训工作的五条经验。

和用户的关系“适可而止”

张成功根据“项目沟通管理计划”，和项目干系人沟通着项目中的绩效信息和非绩效信息（见图 5-7）。

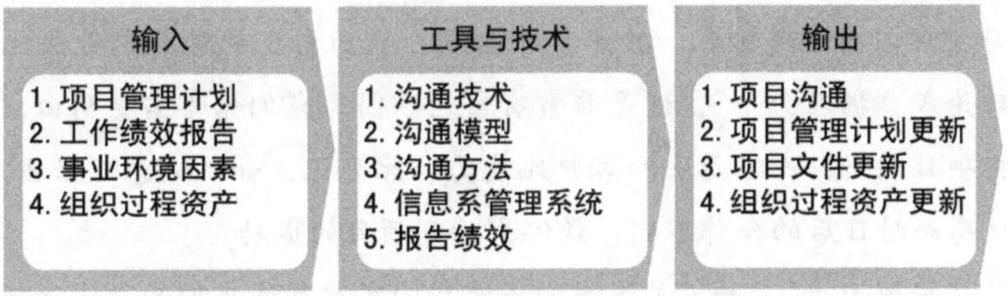

图 5-7 管理沟通过程中的输入、工具与技术及输出

在项目的执行过程中，张成功密切注意关注和管理项目干系人的期望和要求（见图 5-8）。

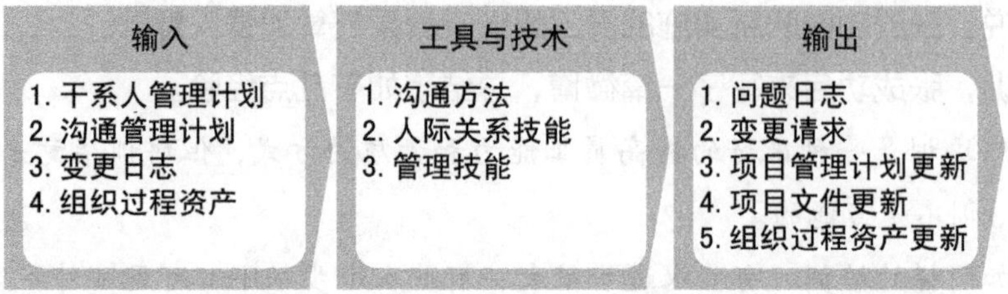

图 5-8 管理干系人参与过程中的输入、工具与技术及输出

张成功体会到，干系人权力 / 利益方格非常有用，指引他正确处理了很多与干系人相关的问题。

在和干系人沟通的过程中，张成功获得了很多实战的经验和体会，也悟出了不少与干系人沟通和互动的适用方法和技巧。这些内容在第九章中有更详细的描述。

孔子曰：“事君数，斯辱矣；朋友数，斯疏矣。[1]”张成功也认为，和干系人之间的关系保持适当的距离（即关系适可而止，不要太好），对项目更有利，因为如此的状态既不会影响彼此的合作，也更容易实现“公事公办”（关系太好时，反而有些事情会不好拒绝，而只得被动接受）。正如冬天一群在一起互相取暖的刺猬，距离太近容易被对方的刺扎伤，距离太远又达不到取暖的目的。

通过这个项目的运作，张成功总结出了与客户沟通的“五宜和五忌”。

（1）宜谦虚礼让，忌据理力争

项目经理一定要注意尊敬客户。与客户沟通时，项目经理需要有良好的态度和谦虚的心态，沟通时语气要礼貌柔和，让客户感觉到自己不但是一位了不起的专家，而且是一位修养高尚的人，这样更容易赢得客户的配合和理解。

有些项目经理以自己是专家、技术能手自居，认为自己的见解或做法比客户高明而喜欢和客户辩论或“据理力争”，这是非常有害的。因为我们始终需要明白，我们是去解决问题、去把项目做好，而不是去和客户比能力、比见识，如果执意“据理力争”，很可能会让客户反感而对日后的合作不利，最终影响到项目的成功。

当然，忌“据理力争”，并不是说我们不需要向客户表达我们的看法和观点，只是需要我们注意表达的方式和方法。

（2）宜换位思考，忌刻意说服

在项目的建设过程中，我们经常会遇到客户提出新的需求，为了尽量避免项目需求的

[1] 出自《论语·里仁》，这句话的意思是：和别人的关系要保持适度，过犹不及。

变更，有些项目经理往往急于从自身的利益出发，想方设法去说服客户，这种做法实不可取。

对客户提出的需求，当我们难以理解或接受时，不妨先换位思考，从客户的角度去体会和分析客户如此期望的理由，这样更容易判断客户提出的需求是否合理。如果分析的结果标明客户提出的需求是项目所不需要的，我们大可以从项目对客户的价值的角度去引导客户并最终让客户放弃；如果客户提出的需求确实是项目所需要的，则我们可以通过执行需求变更控制流程的方式去影响这些变更（结果可能是无偿变更、有偿变更或终止变更）。

作为一个项目经理，真正站在客户的角度去思考问题，客户是能感觉得出来的，并能最终赢得客户的认同。如果为了一己之私利总想试图去说服客户，则必将被客户所疏远，最终得不偿失。

（3）宜留有缓冲，忌当场回绝

经验欠佳的项目经理，在与客户沟通时，总会不自觉地当场给客户一个“是”或“否”的结论，其实这种做法是欠妥的，特别是当场回绝客户则更不可取。因为这样做，一方面回复给客户的结论可能不当，另一方面也会让客户感觉到自己不是在用心对待他们的需求。

当客户提出需求变更特别是一些我们认为比较棘手的需求变更时，我们决不可当场回绝客户，正确的做法应该是先把问题记录下来，等进行变更评估或报告上级批准后再答复客户，甚至可以请自己的上司与客户沟通。这样做既会让这件事情得到比较妥善的解决，同时也会让客户感觉到自己是一个做事稳健的人、一个思维严谨的人、一个对事负责的人，从而为以后的合作打好基础。

（4）宜主题明确，忌海阔天空

有些时候，我们可能需要和客户沟通一些项目方面的问题或向客户介绍、汇报项目情况，这时我们只需言简意赅地把主题讲清楚就可以了，而不要去滔滔不绝地谈一些与主题无关的话题。因为这样做一方面浪费自己和客户的时间，另一方面也可能导致该说的事情反而没有说清楚，而不该说的话却说了一箩筐，甚至“言多必失”。

（5）宜当面沟通，忌背后议论

在和客户的沟通交往中，难免会出现一些彼此误会，甚至产生些许冲突。如何处理这些问题？有些项目经理碍于客户是甲方，因而不敢或不愿和他们当面沟通，选择了背后发牢骚或与朋友倾诉的方式。实际上，这种方式于事无益，甚至会导致误解加深或关系恶化，因为背后议论别人是对别人最大的不尊重，况且我们的背后牢骚很可能不胫而走，传到客户的耳中。

最好的做法是，在适当的环境下采用适当的方式与客户当面坦诚沟通，因为这样做至少可以让客户清楚我们对他们的不满，并且表明我们很愿意去正面化解彼此之间存在的“不快”。这样会使彼此之间的关系良性化并最终解决问题。

张成功总结的与客户沟通的“五宜”和“五忌”，被公司总经理郑圆通推荐给了公司全体员工学习和借鉴，引起了不小的反响。

部门经理邹百通为此专门写了一段文字，以示对张成功这篇文章的肯定和夸赞：

采用张成功总结的一些原则和方法与客户沟通，我们付出的代价会更小，而获得的客户满意度会更高。“善于沟通的人，一言明百理；不善于沟通的人，百言不明一理”。项目经理与客户的沟通，不是指项目经理凭借善于说话、高谈阔论就能够解决问题，更为关键的是项目经理要具备足够的引导项目建设的能力”。

自此以后，喜欢跟张成功交流的同事也越来越多了。后来，张成功发现，自己居然还有了一些忠实的“粉丝”！

本节内容精要

◆ 张成功按照“项目沟通管理计划”和“项目干系人管理计划”进行沟通管理和项目干系人管理。

◆ 张成功总结出了与客户沟通的“五宜”和“五忌”。

（1）宜谦虚礼让，忌据理力争。

（2）宜换位思考，忌刻意说服。

（3）宜留有缓冲，忌当场回绝。

（4）宜主题明确，忌海阔天空。

（5）宜当面沟通，忌背后议论。

项目实施，将结果呈现给客户

采购的硬件设备到位后，负责项目系统集成工作的胡积诚按照“项目实施计划”，组织系统集成工程师完成了小型机、操作系统、数据库、路由器、网络等设备的安装、配置和调试。

软件系统通过测试后，实施经理常师师按照“项目实施计划”组织相关人员完成了系统的安装和调试。

在软件系统实施过程中，张成功和常师师组织相关人员，编制了“系统安装手册”“系统管理员手册”和“系统使用手册”[1]。这3份文档的模板如下（见表5-3至表5-5）。

表5-3 “系统安装手册”模板

<table>
<tr><th colspan="4">系统安装手册</th></tr>
<tr><td>项目名称</td><td colspan="3"></td></tr>
<tr><td>编写人</td><td></td><td>编写时间</td><td></td></tr>
<tr><td>审核人</td><td></td><td>审核时间</td><td></td></tr>
<tr><td colspan="4">1. 编写说明</td></tr>
<tr><td colspan="4">2. 系统运行环境（包括硬件环境、网络环境和软件系统环境）</td></tr>
<tr><td colspan="4">3. 后台程序安装方式（采用图形界面的方式呈现安装步骤）</td></tr>
<tr><td colspan="4">4. 前台程序安装方式（采用图形界面的方式呈现安装步骤）</td></tr>
<tr><td colspan="4">5. 参数配置方式（详细描述所有参数的配置方式）</td></tr>
</table>

表5-4 “系统管理员手册”模板

<table>
<tr><th colspan="4">系统管理员手册</th></tr>
<tr><td>项目名称</td><td colspan="3"></td></tr>
<tr><td>编写人</td><td></td><td>编写时间</td><td></td></tr>
<tr><td>审核人</td><td></td><td>审核时间</td><td></td></tr>
<tr><td colspan="4">1. 编写说明</td></tr>
<tr><td colspan="4">2. 系统启动步骤</td></tr>
<tr><td colspan="4">3. 系统退出步骤</td></tr>
<tr><td colspan="4">4. 管理员子系统功能说明</td></tr>
</table>

[1] “系统安装手册”“系统管理员手册”和“系统使用手册”模板，实际使用时，需要将该表格内容调整为文档的形式。

续表

系统管理员手册			
项目名称			
编写人		编写时间	
审核人		审核时间	
5. 管理员子系统具体使用说明（以图形界面的方式详细描述管理员子系统各模块的操作步骤）			
6. 系统出错信息提示一览表			

出错提示代码	提示信息	含义	出错原因	解决办法

表 5-5 “系统使用手册”模板

系统使用手册			
项目名称			
编写人		编写时间	
审核人		审核时间	
1. 编写说明			
2. 系统登录			
3. 系统功能介绍（需要按角色分开介绍）			
4. 各功能模块具体使用说明（以图形界面的方式详细描述各功能模块的操作步骤）			
5. 系统出错信息提示一览表			

出错提示代码	提示信息	含义	出错原因	解决办法

本节内容精要

◆ 项目系统集成工作负责人胡积诚和项目实施经理常师师按照“项目实施计划”组

织了硬件和软件系统的实施工作。

◆ 软件系统实施过程中，张成功和常师师组织相关人员，编制了"系统安装手册""系统管理员手册"和"系统使用手册"。

插曲：要事业也要美人

自从项目一开始，张成功就一直沉浸在项目的建设的工作之中，时间荏苒，一晃3个月过去了。由于这3个月来张成功一直忙于项目，竟忘记联络和问候自己的女朋友阿芬。

一天，张成功正在沉思项目中出现的一个问题应该如何解决，突然手机"嘀嘀嘀"地响了起来，张成功回过神来，打开手机一看，原来是女朋友阿芬发过来的一条微信（之前说过，张成功的女朋友是一个美丽娇娆、思想细腻、温柔多虑的女孩子），微信的大致内容是阿芬抱怨张成功这三个月来没有联络和问候自己，心里有点不愉快。

其实，张成功一直深爱着自己的女朋友，在工作上如此努力和尽心的目的，也是想创造一番事业以让女朋友引以为豪。张成功看完微信后，意识到想让自己的女朋友真正开心和快乐，除了事业上要有成就之外，生活上的问候和关怀也是不可或缺的。张成功认为，作为一个男人，要事业，也要美人，两者不能偏废！

张成功立即给自己的女朋友回了一条微信，以示歉意，并约定下班后一定去看望她。

说来也巧，今天刚好是张成功和自己女朋友阿芬认识一周年的纪念日。今天不算太忙。张成功下班后，匆匆来到公司附近的花店，精心挑选了一束鲜花，打了一辆滴滴快车去了女朋友所在公司的楼下，等待佳人的下班。

阿芬下班后，远远地看到张成功手拿鲜花在等她，心里别提多高兴。但由于下班时同事较多，阿芬有点不好意思；还好，找到了一个机会，趁同事不注意，她赶紧和自己的男朋友张成功快速地离开了同事们的视线，两人徜徉在华灯初上的城市街道上，幸福地牵着手、并肩而行；阿芬的长发在晚风中飘逸，散发着淡淡的芳香……

两人来到一家他们之前经常去的那家饭店，张成功点了阿芬平时最喜欢吃的菜，两个人边吃边聊，惬意着这美好的人生光景，憧憬着属于他们两人的美好未来，比蜜甜。

张成功向阿芬汇报了目前这个项目的情况，表达了自己3个月来没有和阿芬通电话或发信息的歉意；阿芬也很清楚自己男朋友的难处（因为IT行业的从业人员，好像总有忙不完的事，总有加不完的班），也能理解他是为两人的将来在打拼，便越来越爱上了眼前的这个男生。

差不多晚上十点半了，两人才离开饭店。此时，街上依旧灯火斑斓，音响店还在放着凤凰传奇的“荷塘月色”，那真是夜色美、歌声美、人更美。张成功先把女朋友送回家，自己才依依不舍地回到自己的住处。

回到宿舍，张成功给阿芬发了一首自己的原创浪漫小诗，诗名叫“那一天”：

那一天，
茫茫人海中，
我们擦肩而过，
蓦然回首，
定格了那一刻彼此的凝望。
那一天，
喧嚣街道上，
我们不期而遇，
缘分的天空里，
荡起了一串爱的涟漪。
那一天，
小桥流水旁，
我们雨中携手，
一声无言的心语，
约定了今生不变的誓言。

阿芬万万没有想到，自己做技术工作的男朋友，居然还能写出如此浪漫的情诗，心里自然美滋滋的。

自那以后，张成功把每天对阿芬的问候内化为了自己的一个行为习惯，无论多忙，从来没有间断过。

本节内容精要

- ◆ 张成功及时处理好了女朋友阿芬的抱怨。
- ◆ 张成功自创一首小诗让阿芬对自己爱慕有加。

第六章

监控让结果更可靠

盯着，不停地盯着

张成功知道，项目的执行和项目的监控是交织在一起进行的，在执行中监控，在监控中执行，实际上，项目管理工作就是在不断执行戴明环，即 PDCA 循环（见图 6-1）。

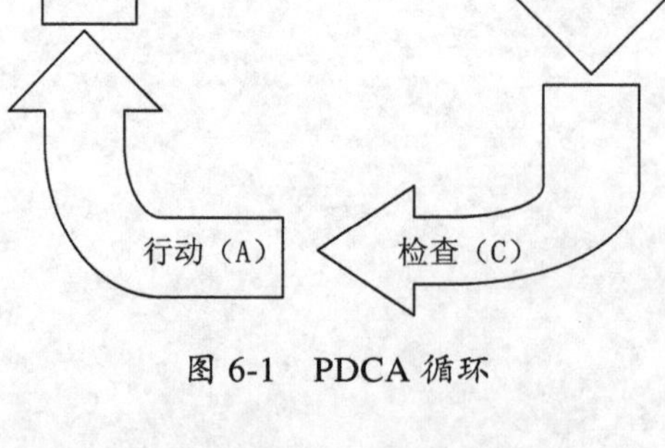

图 6-1　PDCA 循环

戴明环的核心思想是：计划（Plan）→执行（Do）→检查（Check）→行动（Act）→计划（Plan），不断持续改进、持续提升。

张成功根据“项目管理计划”，监控着项目的绩效和项目组各成员的工作（见图 6-2）。

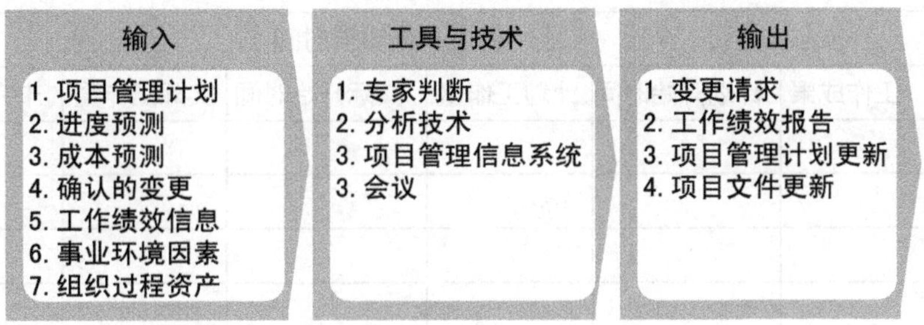

图 6-2 监控项目工作过程中的输入、工具与技术及输出

张成功项目团队采用如下的“项目周状态报告”模板记录和汇报每周的工作进展绩效，他们每周一上午 9：00 到 9：30 召开项目周例会，回顾上周工作任务的落实情况，强调本周工作的重点：

表 6-1 “项目周状态报告”模板

项目周状态报告						
项目名称						
报告编制者			报告编制时间			
报告审核者			报告审核时间			
任务描述	工作成果	计划开始时间	计划工作量	实际开始时间	实际工作量	未完成原因分析

续表

项目周状态报告						
项目名称						
报告编制者			报告编制时间			
报告审核者			报告审核时间			
任务描述	工作成果	计划开始时间	计划工作量	实际开始时间	实际工作量	未完成原因分析
需要解决的问题						

在项目建设的过程上，张成功可谓步步小心、时时在意。他边学边实践，一直紧绷着神经，进行着项目范围控制、进度控制、成本控制、风险控制和成员工作绩效的控制等工作（见图 6-3 至图 6-6）。

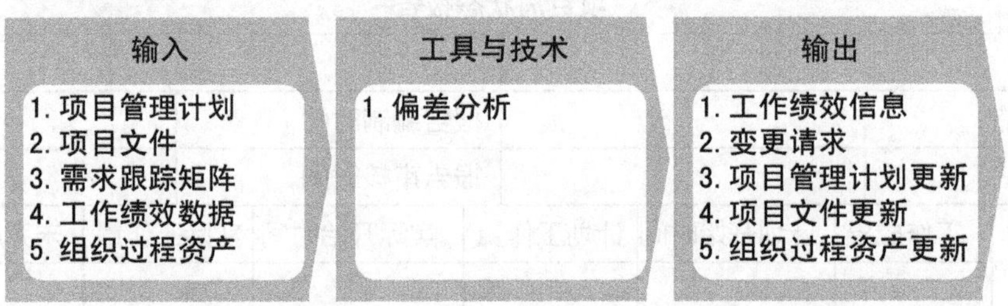

图 6-3 控制范围过程中的输入、工具与技术及输出

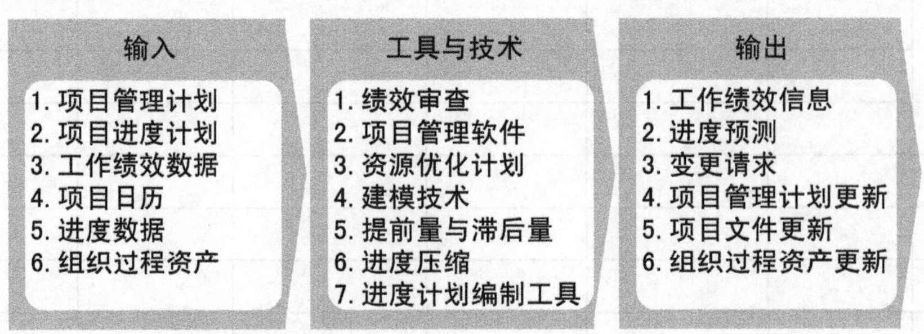

图 6-4 控制进度过程中的输入、工具与技术及输出

输入	工具与技术	输出
1. 项目管理计划 2. 项目资金需求 3. 工作绩效数据 4. 组织过程资产	1. 挣值管理 2. 预测 3. 完工尚需绩效指数 4. 项目管理软件 5. 储备分析	1. 工作绩效信息 2. 成本预测 3. 变更请求 4. 项目管理计划更新 5. 项目文件更新 6. 组织过程资产更新

图 6-5　控制成本过程中的输入、工具与技术及输出

输入	工具与技术	输出
1. 项目管理计划 2. 风险登记册 3. 工作绩效数据 4. 工作绩效报告	1. 风险再评估 2. 风险审计 3. 偏差和趋势分析 4. 技术绩效测量 5. 储备分析 6. 会议	1. 工作绩效信息 2. 变更请求 3. 项目管理计划更新 4. 项目文件更新 5. 组织过程资产更新

图 6-6　控制风险过程中的输入、工具与技术及输出

总体来说，项目监控工作还算不错，没有出现明显失控的现象。

有一次，项目进度出现了一定程度的滞后，由于监控到位，张成功及时安排人员采用赶工[1]和快速跟进[2]的技术，成功赶回了进度。在项目绩效的监控过程中，张成功用得最多的是挣值技术[3]。

张成功后来回忆说，做项目就如踩钢丝，各个角度都需要控制好，只要某一个维度（如范围）控制得不好，其他指标（如进度、成本、质量等）就可能会受到不同程度的影响，从而影响项目的全局。

本节内容精要

- 张成功根据“项目管理计划”，监控着项目范围、项目进度、项目成本、项目风险等绩效指标和项目组各成员的工作。
- 张成功采用“项目周状态报告”的方式跟踪项目组每周的工作落实情况。

1 赶工是指通过加班或增加资源或提高工作效率等方式，缩短工作任务的实际历时。

2 快速跟进是指改变活动之间的依赖关系，通过任务的并行执行，从而缩短项目总历时。

3 挣值技术又名实现价值技术，它是通过对计划价值（PV）、实现价值（EV），实际成本（AC）三者的比较来判断项目当前绩效和预测项目未来绩效的一种非常重要和实用的技术。

用实际数据说话

是骡子是马，总得拉出来遛遛。张成功心里清楚，关于项目绩效到底怎样，项目干系人需要的是实际数据的展示，因此他把在“监控项目工作”过程[1]中所获得的“工作绩效报告”，通过“项目月状态报告”和“里程碑总结报告”这种具体的形式，向相关干系人展示在“项目沟通管理计划”中事先约定的信息。

张成功项目团队采用如下的“项目月状态报告”模板记录和汇报每月的工作进展和项目绩效（见表 6-2）。

表 6-2 “项目月状态报告”模板

<table>
<tr><th colspan="4">项目月状态报告</th></tr>
<tr><td colspan="4">项目名称</td></tr>
<tr><td>报告编制者</td><td></td><td>报告编制时间</td><td></td></tr>
<tr><td>报告审核者</td><td></td><td>报告审核时间</td><td></td></tr>
<tr><td colspan="4">本月主要工作及完成情况</td></tr>
<tr><td colspan="4">本月需求变更的情况汇总</td></tr>
<tr><td colspan="4">截至当前项目绩效与计划对比情况（主要指进度、成本和质量绩效）</td></tr>
<tr><td colspan="4">项目组各成员工作绩效
注：本部分内容分别发送给项目组各成员，不对其他人员公开。</td></tr>
<tr><td colspan="4">需要解决的问题</td></tr>
<tr><td colspan="4">项目管理计划是否需要调整？</td></tr>
</table>

每个“里程碑”结束后，张成功都会根据公司项目管理流程的要求，组织召开“里程碑”总结会议，会议的主要目的是通过回顾前一阶段的工作，展示实际的项目绩效，

[1] 有关“监控项目工作”过程中的输入、工具与技术及输出见图 6-2。

找出差距和改进办法。“里程碑”总结会议文稿采用 PPT 的形式，会议一般控制在 1 至 2 小时之内，参加的成员一般主要是项目组成员。“里程碑”总结报告主要包括如下内容。

（1）本阶段的工作完成情况。

（2）截至当前的项目绩效情况（通过数据展示绩效）。

（3）流程体系的执行情况（数据来源于 QA 的审计报告）。

（4）存在的问题及解决措施。

（5）下阶段的主要工作目标。

本节内容精要

- 张成功采用“项目月状态报告”向项目干系人报告项目绩效。
- 每个项目的“里程碑”结束时，张成功都会编制“里程碑”总结报告并组织召开“里程牌”总结会议。

评审：让问题止步，让下游放心

“项目管理计划”第 1 版编制出来后，要判定它的质量是否合格，就必须对该计划的产出物进行评审。关于评审工作的组织和进行，对张成功来说，这可是和尚做新郎官——头一回。张成功对此经验和信心都不足。于是，他只好再次去请教资深项目经理李全才，想从李全才身上学习一些有关评审的智慧。

张成功正准备打电话咨询李全才时，刚好碰上李全才走出办公室去收传真。张成功看到了李全才，连忙放下电话，径直走了过去，非常礼貌地请李全才给自己指点迷津。

李全才真是一个乐于帮助他人的人，他拿着传真，笑脸盈盈地邀请张成功一同来到自己的办公室，津津乐道地和张成功分享着自己的评审经验。

李全才说，公司有不少项目经理，对评审工作不重视，喜欢走过场，其实这是非常错误的。我们知道，有效的评审，能发现产出物中 60% 以上的问题，所以一定要充分重视评审工作给我们带来的价值，张成功点了点头，并虚心听取李全才的经验分享。

李全才接着说，你一定要邀请项目的下游人员来评审上游人员的工作成果（如让设计人员来评审需求文档，让开发人员来评审设计文档等），这样评审工作才能真正有效，因为下游人员需要根据上游人员的工作成果来开展工作，所以他们就会更加认真和负责；

另外，评审工作开展之前，一定要制定合适的评审计划。说到这里，李全才向张成功推荐了经他改进之后的产出物评审计划模板（见表6-3）。

表 6-3 “产出物评审计划”模板

产出物评审计划			
项目名称			
计划编制者		编制时间	
被评审产出物名称		评审地点	
评审时间		评审时长	
参加评审的人员			
“评审报告”提交日期		报告分发对象	

李全才喝了一口水，补充说道，正式评审前需要完成如下准备工作。

（1）最好提前2至3天把被评审材料发送给评审人员。

（2）评审前安排时间给被评审人员，让他们讲解一次被评审文件。

（3）给评审人员预留充分的评审时间，以便发现和提出被评审文件中一些实质性的问题。

（4）评审会议召开之前，先收集和记录好评审人员发现的问题。

说到这里，李全才说，我这里总结了一份《关于如何提高会议效率的十二条措施》的文章，对你召开评审会议应该有帮助，你不妨拿去看看。说着，李全才从抽屉中拿出一份打印好了的文章，张成功定睛一看，文章的内容如下。

（1）作好充分的会前准备。

俗话说“台上一分钟，台下十年功”，这句话说明了工作准备的重要性。

其实会议也是一样，如果会议负责人能在会前花充分的时间进行会议议题和会议内容、材料的准备，则会在很大程度上保证会议的顺利进行。否则可能会由于情况考虑不周、材料准备不够等导致会议拖延或会议无法得到所期望的效果。

（2）提前将会议相关材料分发给与会者。

为了节省会议时间、提高会议效率，会议负责人或会议主持人应该将会议相关材料提前分发给与会者，以便让与会者能有足够的时间在会前阅读和消化这些材料并形成自己初步的意见和结论。这样，正式会议讨论时，大家就能快速、完整地将事先准备好的意见和建议阐述出来，从而加快会议的进程，提高会议的效率。

（3）会议议题不要安排过多。

我们知道，目标太多，就等于没有目标。因为目标太多，就无法抓住工作的重点。

会议也是如此。每次会议，会议的议题不宜安排过多，一般一到两个议题为宜，尽量不要超过三个议题。如果议题太多，则大家讨论时的注意力很可能会分散（因为每个人所重点关心的议题可能会不同），这样就会影响结论的达成速度，从而影响到会议效率；另外，议题过多，势必导致会议时间拉长，而过长的会议会让与会者感到疲倦，从而也影响到会议效率。

（4）会议时间不要安排过长。

我们知道，一个成年人能聚精会神投入工作的时长大约是两小时左右。因此，我们举行会议时，会议的时间也不应该安排过长（实际上这也与安排的会议议题多少有关），会议的时长一般需要计划并控制在半小时到两小时之间。会议时间太短不利于大家充分沟通并达成共识，会议时间太长则会让与会者身心疲惫，从而影响会议效率。

（5）会议尽量安排在下班之前召开。

我们知道，有些与会者或因为时间观念不是很强，或因为个性优柔寡断，他们往往不到会议的最后时刻很难果断、鲜明地表达出自己的观点，这种情况极易导致会议的拖延。解决这一问题比较有效的措施是，将会议安排在上午下班前或下午下班前的时段。

如会议的计划时长为一小时，则可以安排在上午11：00举行（假如12：00下班）或下午5：00举行（假如6：00下班）。安排在这样的时段，实际上已经给出了明确的时间期限，大家也就会尽快表达自己的观点和看法，从而有效地提高了会议的效率。

（6）不邀请与会议无关的人到场。

邀请与会议无关的人参加会议，是一种极大的浪费，也是毫无意义的做法。我们经常看到一些会议，整个会议过程中有些人一言不发，其实这些一言不发的人，大部分是与会议无关的人。因此，作为会议负责人或会议主持人，一定要事先确定好哪些人需要且必须参加会议，尽量不要邀请与会议无关的人参加。

（7）准时召开会议。

很明显，会议延迟召开是对时间和成本的浪费，其实这样的会议在我们日常工作中非常常见。杜绝会议延迟召开的办法是：给会议迟到者适当的惩罚、时间一到即召开会议。

（8）尽量避免讨论与会议议题无关的内容。

每次会议都需要计划好讨论的会议议题。会议负责人或会议主持人需要注意控制并限制讨论本次会议没有计划的问题。否则一旦放开，则很难收回，结果不是该讨论的问题没有讨论到，就是会议不得不拖延。

解决这一问题的有效办法是，一定控制住对与本次会议无关的议题的讨论。如果在会议上确实发现了很重要的问题需要讨论，则可以先记录下来，另行安排一次会议。

（9）约定与会者的发言时长。

有些与会者发言时口若悬河、滔滔不绝，完全没有时间观念。

解决这一问题的有效办法是：会议正式召开之前就和与会者约定好发言的时长，让大家在发言之前都做到“心中有数”。

（10）及时提醒发言者。

对于某些健谈者来说，仅仅约定好发言时长还远远不够，因为他们谈兴正浓时，根本就将时长约定抛到了九霄云外。如果不及时提醒发言者，则他们很可能会占用过多的会议时间，从而影响会议的效率。

解决这一问题的有效办法是：在与会者发言时长过半时提醒一次；到与会者发言时长还剩 2 至 3 分钟时再次提醒，以便让发言者利用剩余的时间总结自己的意见、建议和观点。

（11）完备记录会议纪要并分发给与会者确认。

有些会议开完后，没有任何的会议纪要，实际上这样的会议与没有召开没什么两样，因为会议如果没有会议纪要（书面结论），最终就不会有人去关心和执行会议决议。因此，我们需要完整记录会议纪要（纪要中需要约定决议的责任人、完成时限等），在分发给与会者的同时让相关责任人签字确认。

（12）安排专人跟进会议决议的落实情况。

有些会议，虽然有会议纪要，但没有会议决定如何执行的相关办法和措施跟进，这样就导致了会议“决而不行”，使会议没有发挥应有的效果。

解决这一问题的有效办法是：安排专人跟进会议决定的落实和执行情况，并及时公布，将会议决定的落实和执行结果作为对相关责任人考评的指标之一。

听到这里，张成功感觉到评审真是一门大学问，他暗暗发誓，一定要把项目产出物的评审工作组织好。

张成功谢过资深项目经理李全才后，走出李全才的办公室，就着手准备“项目管理计划”第 1 版的评审事宜。张成功小心翼翼，把评审工作的每一步都走得踏踏实实。

总体来说，“项目管理计划”第 1 版的评审工作做得还算不错，在后来其他产出物的评审过程中，张成功不断改进，效率和效果随着时间的推进有了明显提升。

张成功项目团队采用的评审报告的模板如下（见表 6-4）。

表 6-4 “产出物评审报告”模板

<table>
<tr><th colspan="4">产出物评审报告</th></tr>
<tr><td>项目名称</td><td colspan="3"></td></tr>
<tr><td>报告编制者</td><td></td><td>编制时间</td><td></td></tr>
<tr><td>被评审产出物名称</td><td></td><td>评审地点</td><td></td></tr>
<tr><td>评审时间</td><td></td><td>评审时长</td><td></td></tr>
<tr><td>评审负责人</td><td colspan="3"></td></tr>
<tr><td>参加评审的人员</td><td colspan="3"></td></tr>
<tr><td>评审人员</td><td colspan="2">发现缺陷数</td><td>被确认的缺陷数</td></tr>
<tr><td></td><td colspan="2"></td><td></td></tr>
<tr><td></td><td colspan="2"></td><td></td></tr>
<tr><td></td><td colspan="2"></td><td></td></tr>
<tr><td></td><td colspan="2"></td><td></td></tr>
<tr><td></td><td colspan="2"></td><td></td></tr>
<tr><th colspan="4">评审结果</th></tr>
<tr><td>缺陷严重程度</td><td colspan="2">缺陷个数</td><td>缺陷密度（个 / 页）</td></tr>
<tr><td>严重</td><td colspan="2"></td><td></td></tr>
<tr><td>一般</td><td colspan="2"></td><td></td></tr>
<tr><td>轻微</td><td colspan="2"></td><td></td></tr>
<tr><td>评审结论</td><td colspan="3"></td></tr>
</table>

后来，张成功在资深项目经理李全才的经验基础之上，通过实践，归纳出了有效评审的八条锦囊。

（1）选择合适的评审人员。

（2）制订合适的评审计划。

（3）编制高质量的评审检查表。

（4）评审前 2 至 3 天安排时间讲解被评审材料。

（5）给评审人员预留充分的评审时间。

（6）注意收集和记录问题。

（7）对于评审报告中提出的问题，要得到相关责任人的认可和签字。

（8）安排专人跟踪落实评审报告中所提出的需要解决的问题。

本节内容精要

- 针对每一个产出物的评审，张成功都会组织编制“产出物评审计划”和“产出物评审报告”。
- 张成功学习和应用了资深项目经理李全才总结的《关于如何提高会议效率的十二条措施》。

（1）做好充分的会前准备。

（2）提前将会议相关材料分发给与会者。

（3）会议议题不要安排过多。

（4）会议时间不要安排过长。

（5）会议尽量安排在下班之前召开。

（6）不邀请与会议无关的人到场。

（7）准时召开会议。

（8）尽量避免讨论与会议议题无关的内容。

（9）约定与会者的发言时长。

（10）及时提醒发言者。

（11）完备记录会议纪要并分发给与会者确认。

（12）安排专人跟进会议决议的落实情况。

- 张成功总结归纳了有效评审的八条锦囊。

配置管理：为项目成果的安全可靠保驾护航

话说全沛致是一个认真细致的女孩，她工作一丝不苟，是一个非常称职的配置管理员，她从事配置管理工作已有 3 年时间。张成功公司采用 VSS（Visual SourceSafe）和 SVN[1]（Subversion）作为配置管理工具（张成功项目团队采用 VSS 管理文档，采用 SVN 管理源代码）。

在项目建设过程中，全沛致根据“项目管理计划”中列明的产出物，在相关产出物

1 有关配置管理工具的使用，不是本书所讨论的内容，请读者参阅相关书籍。

完成之后，由她进行配置项的管理和相关基线的建立。整个项目下来，几乎没有出现过配置管理不到位的问题。

全沛致每做完一个或一次配置项和基线的变更（包括新建或修改）都会采用如下模板记录配置项 / 基线的状态（见表 6-5）。

表 6-5 “配置项 / 基线状态报告”模板

配置项 / 基线状态报告			
项目名称			
报告人		报告时间	
复查人		复查时间	

配置项状态						
配置项标识	版本号	所属基线	存放位置	变动原因（新增 / 变更）	变更内容	当前状态（check in/out）

基线状态					
基线标识	版本号	存放位置	基线内容（配置项名称、版本）	变动原因（新增 / 变更）	变更内容

在每一个版本或子系统提交测试或发布到用户现场前，全沛致都会认真仔细地按如下模板编制“产品发布记录表”（见表 6-6）。

表 6-6 “产品发布记录表”模板

产品发布记录表						
项目名称						
报告人				报告时间		
复查人				复查时间		
发布性质				内部发布 / 外部发布		
产品名称	产品版本号	产品所包括的内容	存放位置	产品生成时间	产品介质	产品接收人
注：内部发布指提交系统测试之前的发布；外部发布指到用户现场安装之前的发布。						

本节内容精要

- 在项目建设过程中，全沛致采用 VSS 和 SVN 进行配置项的管理和基线的管理。
- 每次有配置项的新增或修改，全沛致都会编制“配置项 / 基线状态报告”；在产品进行内、外部发布前，全沛致都会编制“产品发布记录表”。

测试：对结果进行把关

根据张成功所在公司的项目管理流程的规定，单元测试和集成测试由项目开发小组自行负责完成，系统测试由软件测试部所派出的测试人员完成。

为了保证代码质量，开发经理习开花在编码人员完成模块编码之后，会组织重点代码走查，重点代码走查由具有丰富经验的编码人员完成，他们所采用的“重点代码走查表”如下（见表 6-7）。

表 6-7 “重点代码走查表”模板

重点代码走查表							
项目名称							
重点代码走查记录							
被查模块信息			开发信息		走查信息		
模块名称	模块功能	代码文件名称	开发人	提交时间	检查人	检查时间	发现的问题
注：代码走查人员和代码开发人员一定要是不同人员。							

张成功项目组单元测试工作采用自动化测试工具辅助完成。由于张成功负责的这个项目采用的是 Java 开发语言，程序员们采用了 Parasoft 公司推出的 Jtest[1] 作为自动化白盒测试工具。

集成测试和系统测试在张成功所在的公司里没有本质区别，都采用手工测试的方式进行，它们所采用的测试用例模板也一样，两者只是在开发测试用例的人员以及执行测试的人员方面有所不同。所以关于集成测试工作，此处略。

根据项目管理计划和项目的实际进展情况，测试负责人艾策饰带领两个测试人员小 D 和小 E，对项目组提交并经配置管理员打好配置基线且已发布的系统进行系统测试（见图 6-7）。

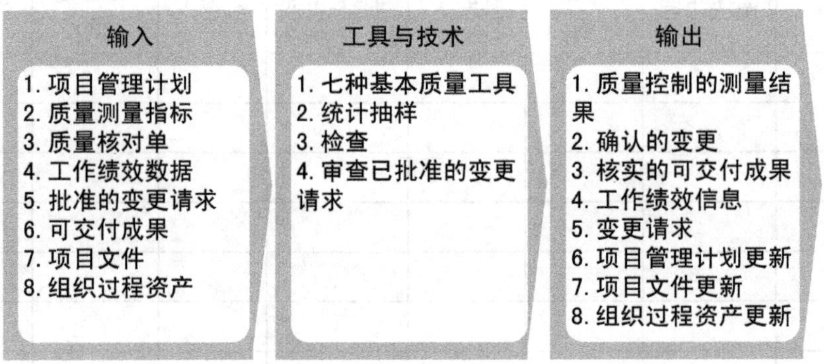

图 6-7 控制质量过程中的输入、工具与技术及输出

之前说过，艾策饰只负责系统测试工作，单元测试和模块集成测试由项目开发小组自行负责完成。在“用户需求说明书”通过评审之后，艾策饰就组织测试工程师编写系统测试用例，执行系统测试时则严格按事先开发出来的测试用例执行（见表 6-8）。

[1] 有关该工具的使用不是本书讨论的范围，如有需要，请读者参阅相关书籍。

表 6-8 “系统测试用例”模板

系统测试用例							
项目名称							
测试用例开发工程师				开发时间			
用例评审人员				评审时间			
用例编号	被测模块名称	测试特性	测试步骤	预期结果	实际结果	是否通过	执行者
注：“用例编号”“被测模块名称”“测试特性”“测试步骤”“预期结果”在开发测试用例时填写；“实际结果”“是否通过”“执行者”在系统测试之后填写。							

每轮测试完成后，艾策饰都会按公司模板要求编制“系统测试报告”（见表 6-9）。

表 6-9 “系统测试报告”[1] 模板

<table>
<tr><th colspan="4">系统测试报告</th></tr>
<tr><td>项目名称</td><td colspan="3"></td></tr>
<tr><td>被测试（子）系统名称</td><td></td><td>版本号</td><td></td></tr>
<tr><td>被测试（子）系统来源</td><td colspan="3">指明在配置管理系统中的具体位置。</td></tr>
<tr><td>测试人员</td><td></td><td>测试时间</td><td></td></tr>
<tr><td colspan="4">1. 报告简介（编写目的和主要内容介绍）</td></tr>
<tr><td colspan="4">2. 测试方法和测试流程介绍</td></tr>
<tr><td colspan="4">3. 本轮测试所完成的工作内容
<table><tr><th>模块名称</th><th>所执行的测试用例编号</th><th>是否通过</th></tr><tr><td></td><td></td><td></td></tr><tr><td></td><td></td><td></td></tr><tr><td></td><td></td><td></td></tr><tr><td></td><td></td><td></td></tr><tr><td></td><td></td><td></td></tr></table></td></tr>
<tr><td colspan="4">4. 缺陷统计和分析（按严重等级分别统计和分析本次实际发现的缺陷数、已解决的缺陷数和残留的缺陷数）</td></tr>
<tr><td colspan="4">5. 测试结论和建议
依据测试结果及其分析给出初步的测试结论和建议。</td></tr>
</table>

[1] 实际使用时，建议将该表格内容调整为文档的形式，这样才更实用。

张成功所在的公司要求：没有通过测试的系统是不能被发布到用户现场的，这也是对用户负责的具体体现。

由于测试人员在不少开发人员的心目中被认为是“挑刺”“找茬”的，因此在很多公司，开发人员和测试人员之间的矛盾也不少见。张成功所在的公司也不例外。

这不，有一天，测试工程师小 D 和开发人员之间就程序漏洞问题到底要不要修复发生了激烈冲突。艾策饰知道冲突的产生既有开发人员的问题，也有测试工程师小 D 的问题。艾策饰感觉到测试工程师小 D 对自己的工作职责理解得不到位，为了给下属纠偏，艾策饰利用一个私下的机会找到测试工程师小 D，语重心长地介绍了一个优秀的软件测试人员所需要五项非技术素质。

素质一：保持良好的工作态度。

良好的工作态度是做好一切事情的基础。因为一个工作态度恶劣的人是很难得到别人的配合和认可的。

测试工作虽然是 QC（质量控制），但艾策饰认为，测试人员需要将自己的工作定位为服务类型的工作，而不仅仅是行使“控制”的权力（特别是在软件开发和管理还不规范的情况下）。有了良好的工作态度，测试人员表现出来的行为才会更加适合项目的实际需要，也才能真正为提高产品的质量发挥应有的作用；否则即使测试人员拥有超强的技术能力，工作起来也会举步唯艰。

素质二：真心付出。

一颗真心付出的心，能让自己的工作被别人认可（虽然工作业绩不一定很出众）。

测试工作相对开发工作来说，成绩的“可见性”要小一些，因此成就感也会小一些。另外，测试工作是一项比较枯燥的工作，它需要测试人员认认真真、一丝不苟地去重复检查那些已经测试过一遍甚至是多遍的功能模块。

如果测试人员没有良好的心态去真心付出，而是采用应付的做法，自然也就无法提高测试效率和测试质量，甚至让开发人员反感，进而影响到后续测试工作的正常开展。

素质三：尽早参与项目，做好前期准备。

“有备”才能“无患”。

有太多的项目，往往留给测试人员做测试的时间都非常紧张，如果我们缺乏充分的准备而是“临阵磨枪”，则往往会手忙脚乱，因而也无法达到预期的测试效率和测试质量。为了提高测试效率和测试质量，测试人员应尽早参与项目，做好前期准备。

前期准备包括熟悉需求、了解产品特性、准备测试数据、熟悉开发团队成员等方面的工作。

测试人员一定要提前规划好自己的时间，让自己早熟悉、多熟悉项目各方面的情况。实践经验表明，测试人员越早介入项目，后续测试工作就会越有序和顺利，测试效率和测试质量也就会越高。

素质四：积极配合开发人员工作，努力赢得开发人员支持。

测试工作是一定需要开发人员配合的，这也许就是部分测试人员感觉自己很难控制测试效率和测试质量的原因所在。

如何才能赢得开发人员的支持？作为测试人员，我们绝不能消极等待或一味埋怨开发人员的不理解和不重视。我们首先需要正视自己、改进自己，通过自身的不断努力让开发人员真正体会到测试的价值；同时也需要理解并配合开发人员的工作，因为开发人员面对的压力甚至比测试人员更大，这样才能赢得开发人员的支持。

互相配合、互相促进；良性循环的结果是，彼此感情加深了、配合默契了、工作效率和工作质量也就自然提高了。

素质五：加强沟通和信息收集。

艾策饰说自己碰到过不少这样的案例：测试人员测试了一段时间之后，才发现用户的需求已经变更了，而测试时参考的还是原来的需求。导致这种情况的原因很明显是缺乏沟通。

出现类似这样的情况，有些测试人员比较喜欢把责任归咎于需求分析人员对此或项目经理没能将变更之后的需求及时告知测试人员（当然项目经理和需求分析人员对此是有责任的）。但要避免这类问题，测试人员是完全可以做到的，只需要在测试前，和项目组相关人员及时沟通就可以了。

当然，为了有利于测试工作，测试人员平时也需要主动和开发团队沟通项目的进度、项目存在的问题、项目的需求变更等情况。总之，与团队成员沟通得越充分，对项目的信息收集和把握得越及时、越准确，我们的测试工作才可能做得越好，测试效率和测试质量才可能提高，否则辛辛苦苦做出来的可能只是“无用功”。

自那以后，测试工程师小 D 不断地反思和改进着自己的工作，年终还被评为了优秀员工，而当初和他发生冲突的那位开发工程师，在他良好作态度的感召下，也意识到了自己的问题，后来两人成为了很好的朋友。

本节内容精要

- 在项目建设过程中，项目组的开发人员进行模块单元测试和集成测试，对重要模块进行重点代码走查。
- 测试经理艾策饰负责系统测试工作，他组织测试人员编写“系统测试用例”和执行系统测试，测试完成后编制“系统测试报告”。
- 测试工程师小 D 和开发人员之间产生了矛盾；艾策饰和小 D 分享了优秀软件测试人员所需要具备的五项非技术素质，让小 D 有了很大的改变。

（1）保持良好的工作态度。

（2）真心付出。

（3）尽早参与项目，做好前期准备。

（4）积极配合开发人员工作，努力赢得开发人员支持。

（5）加强沟通和信息收集。

坚持执行整体变更控制流程不动摇

管理贵在坚持，张成功对此深有感触。

在项目的执行过程中，张成功始终坚持执行和项目建设方约定的需求变更控制流程（实际上就是项目整体变更控制流程的一个主要方面）不动摇（见图 6-8）。

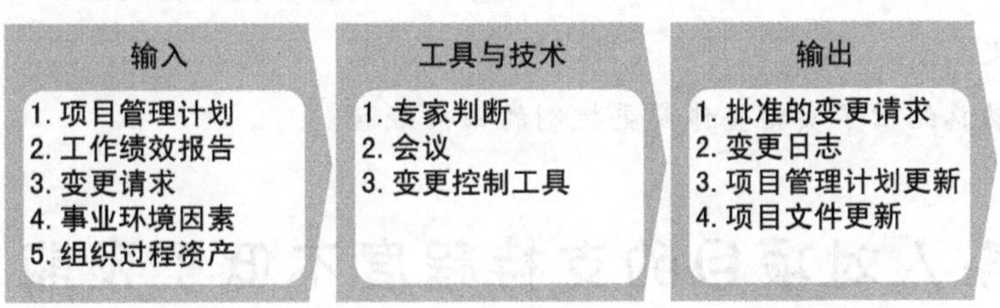

图 6-8 实施整体变更控制过程中的输入、工具与技术及输出

有一次，项目建设方项目经理郝槚枋非常着急地打电话给张成功，说他们副厅长有一项需求想要变更，要求张成功不要走整体变更控制流程就立即响应。张成功告诉郝槚枋不按规矩办事而随意变更弊远远大于利后，郝槚枋没有同意，他又言辞诚恳地打电话给该副厅长说明了理由。因为张成功深知，如果出现了一次例外，就会出现第二次例外、第三次例外……以后就会让“例外”成为常态，那需求变更控制流程就会形同虚设，对

项目将非常不利，项目将可能失控，后果也会变得不堪设想。最后，该副厅长认为张成功这样做是对的，是对项目的整体有利的，也就同意按需求变更控制程序来执行该变更。后来，该副厅长非常支持张成功的工作，张成功项目组也多次得到了这位领导的表扬和肯定。

在本项目的整体变更控制（张成功这个项目主要是需求变更控制）过程中，张成功实践并总结了几条有用的经验。

（1）单一接口非常重要，在建设方提出变更时，张成功只和建设方项目经理郝樌枋进行接口沟通，建设方内部其他人员提出的变更，一律由建设方项目经理郝樌枋负责沟通、达成共识。

（2）CCB 这一组织的组成成员非常重要，张成功这个项目的 CCB 成员，包括建设方主管该项目的副厅长、建设方办公室主任、建设方项目经理、监理方副总、监理工程师、张成功所在公司主管副总经理、张成功和二名业务骨干、两名技术骨干共 11 人。

（3）坚持执行一项制度非常重要，一定要顶住外部所施加的压力。不坚持执行，再好的制度和体系也不会产生好的结果。

（4）任何人提出的需求变更，一定要文档化，这种正式的做法才更有利于需求变更的跟踪落实和追踪。

本节内容精要

- 张成功成功说服项目建设方厅领导通过“项目整体变更控制流程”对项目需求进行变更。
- 张成功总结出了实施整体变更控制的四条经验。

确保干系人对项目的支持程度不低于预期

让干系人尽可能支持项目工作是确保项目成功的关键因素，这一点张成功认识得还是比较到位的。

在整个项目的建设过程中，张成功带领项目团队，根据“项目沟通管理计划”和“项目干系人管理计划”，监控着沟通参与者之间的信息流动和干系人对项目的支持程度，满足干系人对信息的需求，确保信息流动的最优化从而使得干系人对项目的支持程度不低于预期（见图 6-9 和图 6-10）。

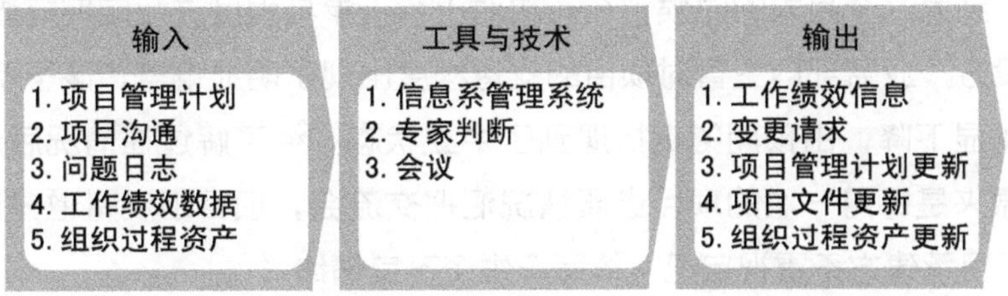

图 6-9　控制沟通过程中的输入、工具与技术及输出

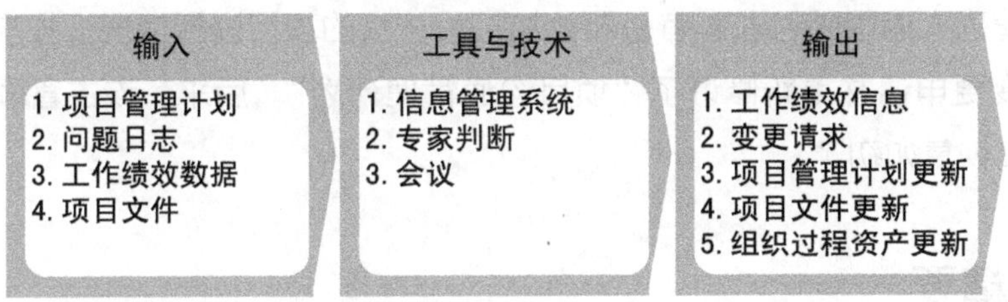

图 6-10　控制干系人参与过程中的输入、工具与技术及输出

为了能准确地知悉项目干系人对项目的实际支持程度与预期支持程度之间是否存在偏差，张成功在规划干系人管理时就制定了“干系人参与评估矩阵”，并填写了干系人对项目的预期支持程度；在每次跟踪和监控干系人实际参与程度时，张成功都会将干系人对项目的实际参与程度数据回填入“干系人参与评估矩阵”中。这样，项目干系人对项目的实际支持程度与预期支持程度之间是否存在偏差就一目了然了。

张成功项目团队所采用的“干系人参与评估矩阵”见表 6-10。

表 6-10　“干系人参与评价矩阵”[1] 模板及样例

干系人	不知晓	抵制	中立	支持	领导
干系人甲		D	C		
干系人乙	D			C	
干系人丙			C	D	
干系人丁					CD

1　不知晓：对项目和潜在影响不知晓；抵制：知晓项目和潜在影响，抵制变更；中立：知晓项目，既不支持，也不反对；支持：知晓项目和潜在影响，支持变更；领导：知晓项目和潜在影响，积极致力于保证项目的成功。干系人对项目的预期支持程度用 D（Desired）表示，干系人对项目的当前支持程度用 C（Current）表示；如果 C 和 D 位于同一方格内，则表示干系人对项目的当前支持程度与预期一致；如果 C 在 D 的右边方格内，则表示干系人对项目的当前支持程度比预期更好；如果 C 在 D 的左边方格内，则表示干系人的当前支持程度比预期差，这时就应该查找原因并采取纠正措施。

项目进行到第二个月末的时候，在一次对干系人参与程度进行定期核查时，张成功发现项目建设方一业务部门主管对项目的支持程度出现了明显偏差，该干系人对项目的参与热情度明显下降，由预期的支持退到了中立状态。经了解过往情况后进一步分析，张成功发现原来是每月一次的项目进展情况汇报交流会，项目组没有邀请该主管参加，该主管认为项目承建方不重视自己，故而产生了不良情绪。

知道确切的原因之后，张成功对该业务主管的沟通需求进行了重新分析和审视，发现该业务主管确实期望并且非常有必要参加每月一次的项目进展情况汇报交流会。张成功于是提出变更申请并重新修订了“项目沟通管理计划”。后来，该主管领导对项目的参与热情度又恢复如初了。

本节内容精要

- 张成功根据“项目沟通管理计划”和“项目干系人管理计划”，采用“干系人参与评估矩阵”来跟踪和管理干系人对项目的支持程度。
- 张成功采用正确的方法，成功处理了一项目干系人对项目支持程度下降的问题。

把对供应商的管理作为团队管理的一部分

很多人有这样一种错误的观念：认为工作分包给供应商去完成，作为采购方就可以不去跟踪和监督供应商的研发过程，只需要向供应商要结果，即采用一种“放羊”的管理方式。结果供应商最终提供的产品、成果或服务，往往不能满足采购方和项目的实际需要，从而给整体项目造成严重的影响。

在张成功公司里，就曾经发生过类似案例，项目组把一子系统的开发任务分包给一供应商，由于缺乏对供应商的过程管理，结果等到交付日期，需要供应商提交成果时，供应商迟迟不能交货，最后交付的产品也存在明显的质量问题。

采购专员庄彩够这次重点管理的是多媒体培训系统，因为项目建设方所需要的多媒体培训系统比较个性化，需要根据项目建设方的独特需求进行定制化开发（见图 6-11）。

庄彩够要求多媒体培训系统供应商编制科学的系统开发计划，并要求供应商严格按双方所共同确定的流程和计划进行开发；庄彩够定期对供应商的开发过程和相关成果进行检查和审计，对发现的问题及时整改；在庄彩够的严格把关下，供应商的工作过程逐渐“可视化”，这样多媒体培训系统的开发过程和最终产品都比较令人满意。

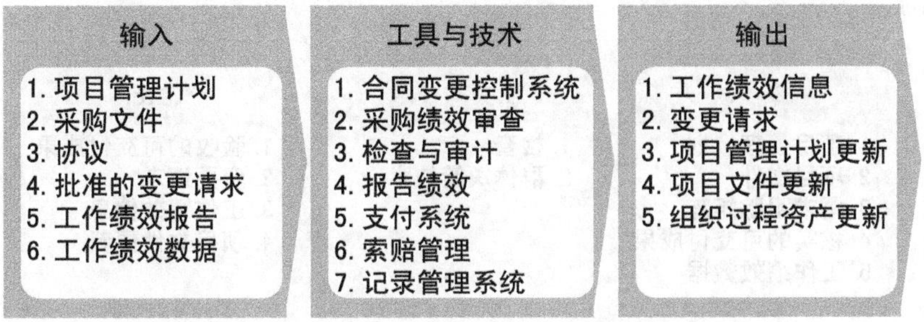

图 6-11　控制采购过程中的输入、工具与技术及输出

事后，庄彩够整理出选择和管理供应商的四条经验，记录在了“项目采购工作总结报告”[1]中。

（1）尽可能在项目的早期就确定项目需要采购的内容，以便能有足够的时间确定采购方式和选择合适的供应商。

（2）选择供应商时一定要根据被采购产品或服务的特点设定供应商入选门槛，这样不但可以提高供应商选择效果和质量，而且可以避免鱼目混珠。

（3）必须把对外包模块供应商的管理当作整个项目管理的一部分。

（4）不但应要求供应商所提供的工作结果满足需要，而且要监控供应商的工作过程。

本节内容精要

- 张成功把对供应商的管理作为项目团队管理的一部分，具体管理工作由采购专员庄彩够执行。
- 庄彩够总结了选择和管理供应商的四条经验。

客户说好才算好

项目研发的成果最终是要满足客户需求的，张成功团队所负责建设项目的可交付成果都需要通过项目建设方的验收。张成功事先详细了解了 IT 项目管理知识体系中“确认范围”过程的要求，当需要交付给客户的可交付成果通过内部评审或测试之后，张成

[1] “项目采购工作总结报告”模板见第七章。

功会安排相关项目组成员准备好必需的材料，向客户申请验收所交付的成果（见图 6-12 和表 6-11）。

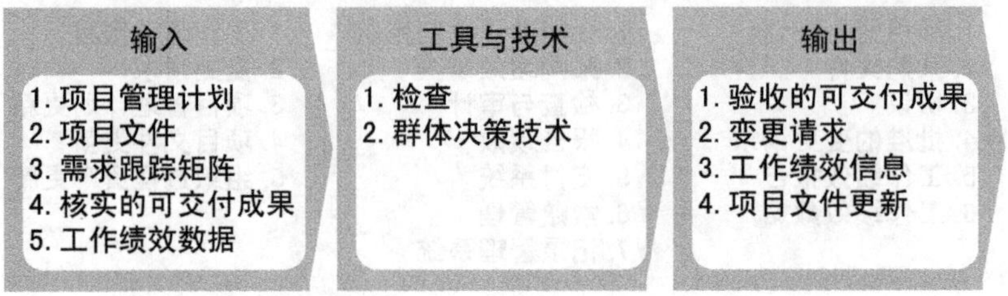

图 6-12 确认范围过程中的输入、工具与技术及输出

表 6-11 “项目（可交付成果）验收申请”模板

<table>
<tr><th colspan="4">项目（可交付成果）验收申请</th></tr>
<tr><td colspan="2">项目名称</td><td colspan="2"></td></tr>
<tr><td colspan="2">项目建设方名称</td><td colspan="2"></td></tr>
<tr><td>项目建设方负责人</td><td></td><td>项目承建方负责人</td><td></td></tr>
<tr><td>验收申请提交日期</td><td></td><td>计划验收日期</td><td></td></tr>
<tr><td>被验收对象名称</td><td colspan="3"></td></tr>
<tr><td>验收依据</td><td colspan="3"></td></tr>
<tr><td colspan="4">项目整体情况总结
该部分只在整体项目最终交付验收时才需要填写。</td></tr>
<tr><td>项目建设方意见</td><td colspan="3"></td></tr>
<tr><td colspan="2">项目建设方签字（盖章）
年 月 日</td><td colspan="2">项目承建方签字（盖章）
年 月 日</td></tr>
</table>

由于张成功团队在项目的建设过程中始终和项目建设方保持了良好的沟通，客户对张成功项目组颇有信心，因此项目可交付成果提交给项目建设方验收的过程，总体来说还算顺利。然而，到了整体项目交付最终验收时，项目建设方领导却有些担心，没能按计划签字验收。

由于是整体项目的最终验收，张成功除了向项目建设方提交了“项目（可交付成果）验收申请”外，一同提交的还有“项目整体验收报告”和“项目移交资料清单”，这两份文档的模板如下（见表 6-12 和表 6-13）。

表 6-12 “项目整体验收报告”模板

<table>
<tr><th colspan="4">项目整体验收报告</th></tr>
<tr><td colspan="2">项目名称</td><td colspan="2"></td></tr>
<tr><td colspan="2">项目建设方名称</td><td colspan="2"></td></tr>
<tr><td>项目建设方联系人</td><td></td><td>项目建设方联系电话</td><td></td></tr>
<tr><td>项目验收时间</td><td colspan="3"></td></tr>
<tr><td>项目验收结论</td><td colspan="2">□通过</td><td>□不通过</td></tr>
<tr><td colspan="4">项目整体建设过程回顾</td></tr>
<tr><td colspan="4">项目（可能存在的）遗留问题</td></tr>
<tr><td colspan="4">项目建设方对项目（免费）维护内的要求</td></tr>
<tr><td colspan="2">项目建设方签字（盖章）

年 月 日</td><td colspan="2">项目承建方签字（盖章）

年 月 日</td></tr>
</table>

表 6-13 “项目移交资料清单”模板

项目移交资料清单			
项目名称			
项目建设方名称			
项目承建方名称			
项目移交资料清单一览表			
序号	资料名称	存储介质	数量
签收人签字		签收日期	

由于项目建设方迟迟没能在“项目验收报告”上签字，项目建设方项目经理郝槱枋给出的理由也含糊其辞，张成功心里有点忐忑不安。此时，张成功想到了李全才，于是再次敲开了李全才办公室的门，准备向他取经。

张成功说明来意后，李全才拿出自己整理出来的一篇文章《项目不能顺利验收的六种原因及其解决之道》给了张成功。文章中的内容大致如下，张成功细细地品味着。

原因一：项目建设成果没有达到合同要求，没有满足用户期望。

解决方案：项目组要注意认认真真做事，严格履行合同条款，不要把验收当作唯一目标，而应该首先解决好客户的问题，工作做好了，项目验收自然就会顺利很多。

原因二：项目建设过程中，缺乏和客户的充分沟通，和用户互动不够，没能让客户充分了解项目的建设情况和成果，客户信心不足，心里没底，不敢验收。

解决方案：项目组要注意按规范的流程做事，“项目管理流程”“项目管理计划”等文件要事先和客户进行充分沟通并得到客户认可，建设过程中严格按规范办事，需要提交给客户的过程性文档和资料，严格按“项目管理计划”中的约定及时主动提交（不要等客户催才提交），和客户的沟通交流会议也应该有序地坚持，经常向客户汇报和演示阶段性成果。只有让客户充分了解自己的工作，才能建立起客户对自己的信心，客户心里有底了，他也就有把握验收了。

原因三：合同中没有清晰约定好验收的条件，导致双方理解的误差，从而影响项目验收。

解决方案：和客户签定合同时就应该注意；产生这种情况的原因，应该是公司没有合同范本或缺乏必要的合同评审机制。要解决这类问题，则要从公司层面确定好合同范本（即合同中需要包括清晰的验收条款），合同评审人员评审合同时，也要重点关注合同中是否有清晰的验收条款，这些条件是否可执行等。

原因四：在项目建设阶段（一般是项目建设的前期），项目组没有和客户沟通落实好验收条件和验收流程，验收工作“无章可行”，从而影响项目验收。

解决方案：如果合同中没有清晰的验收条款（或合同中的验收条款有问题），则项目组就需要注意在项目建设过程中（最好是前期，越早越好），通过另外一份正式的文件和客户约定好验收条件和验收流程，双方签字，之后就严格按本约定执行。

原因五：项目组为验收而验收，对验收工作准备得不充分，没有真正按原来双方约定的验收条件去不折不扣地准备验收材料，而是存在侥幸心理想“蒙混过关”，验收条件中约定的产出物有缺失或存在明显的质量问题，从而影响项目验收。

解决方案：踏踏实实严格按原来双方约定的验收条件准备验收材料，验收材料准备好后，要认真评审，确保验收材料齐备、质量好。客户看到项目组提供的材料齐全、质量好，自然就心情好，心情好了，验收也就顺利了。

原因六：客户对项目承建方不放心，担心项目验收后，承建方的后期服务会跟不上，这也将导致客户不敢验收项目。

解决方案：这取决于公司的品牌和公司的信誉（这是长时间积累的结果）。可以通过公司标准的文件和规范，优质的售后服务和严格的执行，让客户无后顾之忧。验收后的问题，项目组帮客户想到了，客户自然就放心了，验收也就顺利了。

张成功看到这里，豁然开朗。经过对逐条原因的分析，张成功想到自己所负责的这个项目，项目建设方迟迟不能签字的原因应该主要是“原因六”——没能让项目建设方对维护期内的维护工作放心。

明白原因之后，张成功喜出望外，他谢过李全才后，马上整理了一份补充文件：文件中清晰地列明了项目免费维护期内公司将为项目建设方提供的售后服务承诺和免费维护期后公司的有偿服务条款。张成功把该文件打印出来签字盖章，第一时间提交给了项目建设方项目经理郝槚枋。果然，没过几天，郝槚枋通知张成功去拿已经签字盖章的“项目验收报告”。

事后，项目建设方项目经理郝槚枋私下对张成功说：“我们领导就是担心项目一旦验收，你们可能就不会再向以前那样提供服务了，所以才迟迟没有签字验收。后来你们补充了售后服务承诺，我们领导放心了，所以很快就给你们签字验收了。”

项目被客户验收了，张成功心里很高兴。他再次看了一遍李全才写的《项目不能顺利验收的六种原因及其解决之道》这篇文章，悟出了一个道理。

在绝大多数情况下，项目不能顺利验收的原因，是项目承建方自己的原因，而不是项目建设方的原因；在绝大多数情况下，项目不能顺利验收，是由源头引起的，而不是结果导致的。要想让客户对我们所提供的服务真正满意并进而顺利验收项目，我们需要做到“十心”：“悉心”洞察客户的需求；“用心”思考客户需求的实现方式；站在客户的角度“倾心”实现客户的需求；让客户了解我们的工作进展和工作质量，建立客户对我们的“信心”；工作过程中“诚心”诚意地接受客户的建议、意见或批评；“耐心”对待客户的服务请求；踏实工作，让客户“放心”；急客户之所急，让客户“欢心”；一丝不苟，为客户提供“称心”如意的工作产品；提供及时周到的售后服务，让客户“安心”。

本节内容精要

- 在项目建设过程中，张成功按 IT 项目管理知识体系中“确认范围”过程的要求，请项目建设方验收可交付成果。

- ◆ 在项目整体验收时，张成功团队向项目建设方提交了“项目（可交付成果）验收申请”“项目整体验收报告”和“项目移交资料清单”3 份文件。
- ◆ 在项目整体验收时，张成功团队遇到了阻碍，资深项目经理李全才的文章《项目不能顺利验收的六种原因及其解决之道》指引张成功顺利解决了验收问题。
- ◆ 张成功悟出了让客户对服务真正满意需要的“十心”。

软件项目管理的 15 个主要关注点

如何让项目朝着既定的目标顺利进展？如何让项目能最终获得成功？针对这两个问题，张成功根据自己的项目管理经验，总结出了有助于项目顺利进展、成功的 15 个主要关注点。

（1）项目目标。

“目标是行动的航标”，因此目标对项目的重要性不言而喻。

一个不关注项目目标的项目经理，最终只能将项目带入失败。实践已经并将继续证明，任何不针对目标的行动都将是徒劳的。因此，项目经理一定要将项目目标装在心里并时时关注。

（2）项目范围。

“项目范围实际上就是我们工作内容的一个映射”，项目范围同时也决定了我们工作量的大小。

项目经理如果对项目范围没有一个清晰的把握和合理的控制，则项目组开展的一些工作很可能于事无益，其结果只能是劳民伤财。

（3）项目计划。

“计划是行动的纲领”，项目计划的重要性已经是尽人皆知了。

项目经理不但需要重视项目计划的制订，更需要重视项目计划的执行。计划能使我们的思想具体化，从而体现出我们期望做什么、什么时候做、谁去做以及如何做，因此任何不在项目计划指导下的行动都将杂乱无章，甚至给项目带来巨大风险。

（4）项目质量。

“质量是项目的生命”，质量低劣的项目无疑是失败的项目。因此，项目经理需要时时关注与项目质量密切相关的各种活动。

（5）项目进度。

“进度往往就是效率”，项目特别是商用项目，进度往往决定了它的市场价值。因此，项目经理在关注项目质量的同时，也需要密切关注项目的进展。

（6）项目成本。

“资金是项目得以正常开展的命脉”，一个成本失控或成本超标的项目，在项目维系方面将面临很大的风险。

（7）项目风险。

“项目风险是影响项目能否顺利开展并取得最终成功的唯一不确定因素”，项目经理需要时时关注项目风险的状态，准备好应对预案做到有备无患，并尽可能消除那些孕育风险发生的环境和条件。

（8）项目主要干系人。

“平衡项目干系人的期望是项目最终能得到各方认同的基础”，一个不能平衡并满足项目干系人期望特别是主要干系人期望的项目经理，在项目的开展过程中将会举步维艰。

（9）目标用户。

目标用户虽然属于项目干系人范畴，但目标用户有别于其他项目干系人的一个明显之处是：他们是项目成果的最终使用者。目标用户的特征（如工作岗位、能力水平等）将在很大程度上决定项目所需要的开发方式和项目成果的展现方式（如开发一个计算机应用系统，如果用户的计算机操作水平较低，则系统的设计就需要考虑尽可能简单、易学、易操作）。

（10）项目团队。

这里提到的项目团队主要是指项目经理所领导的项目组。

“项目团队是项目成果的直接缔造者”，项目团队的工作效率直接决定了项目的效率。因此，项目经理需要非常关注项目团队成员（包括项目团队建设、项目团队管理和绩效考核等）。

（11）项目实施和运行环境。

“项目实施和运行环境不但决定了项目的实施策略，而且也在很大程度上决定了项目所需要的开发技术和模式”，如开发一个计算机应用系统，系统运行环境将在一定程度上决定了系统所可能采用的开发技术。

（12）产出物评审。

“评审是发现问题最有效、最及时的方式之一”，一个问题多多的产出物一定会给后续工作带来巨大的障碍和风险。因此，项目经理一定要关注项目产出物特别是关键产出物的评审，不要认为评审是“走过场”，是一个可有可无的活动。

（13）缺陷。

“缺陷是项目的定时炸弹”，消除了缺陷，就相当于消除了定时炸弹、安全隐患。因此，项目经理一定要关注项目进展过程中所发现的各类缺陷，做到多发现、早消除。

（14）用户提出的问题。

“用户提出的问题是否被有效解决，直接决定了用户对项目的配合程度和对项目成果的最终接受程度”，因此用户提出的问题是项目经理一定不能忽视的问题。

（15）里程碑总结。

“总结是发现问题并规避问题再次发生的最佳办法，是提炼经验并发扬经验的有利时机”，项目经理不但要重视项目进行中的阶段总结，也需要重视项目完结后的项目总结，因为项目总结可以为下一个项目提供良好的经验以供借鉴。

本节内容精要

◆ 张成功总结出了有助于项目良性进展和项目成功的 15 个主要关注点。

（1）项目目标。

（2）项目范围。

（3）项目计划。

（4）项目质量。

（5）项目进度。

（6）项目成本。

（7）项目风险。

（8）项目主要干系人。

（9）目标用户。

（10）项目团队。

（11）项目实施和运行环境。

（12）产出物评审。

（13）缺陷。

（14）用户提出的问题。

（15）里程碑总结。

第七章

收尾，让结果更完美

很多人认为项目已经通过客户验收了，要不要进行项目收尾和经验教训的总结就不重要了，张成功对此不以为然。他认为项目收尾和经验教训的总结非常重要。

采购收尾

张成功所负责的这个项目涉及到两个供应商（一个是硬件设备提供商，一个是多媒体培训系统提供商），也就是有两个采购合同。每个采购合同履约结束后，张成功都会组织庄彩够和胡积诚一起进行采购收尾（见图 7-1）。

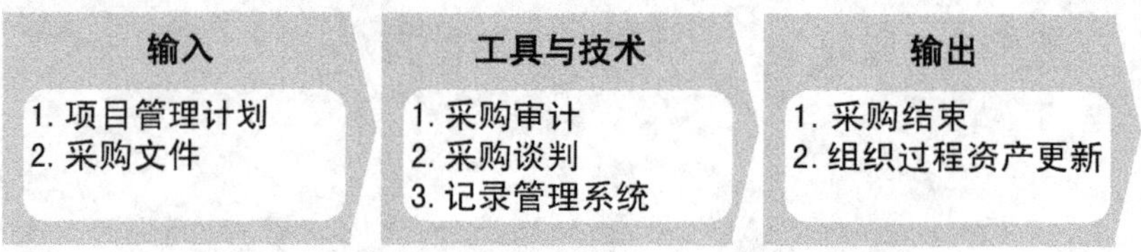

图 7-1 结束采购过程中的输入、工具与技术及输出

在采购收尾环节中，他们主要采用的是采购审计[1]这一工具，并采用如下模板进行采购工作总结（见表 7-1）。

表 7-1 “项目采购工作总结报告”模板

<table>
<tr><th colspan="6">项目采购工作总结报告</th></tr>
<tr><td>项目名称</td><td colspan="2"></td><td colspan="2">采购合同号</td><td></td></tr>
<tr><td>供应商</td><td colspan="5"></td></tr>
<tr><td>项目经理</td><td colspan="2"></td><td colspan="2">采购专员</td><td></td></tr>
<tr><th colspan="6">采购专员总结栏</th></tr>
<tr><td colspan="2">本次采购活动的经验</td><td colspan="2">本次采购活动的不足之处</td><td colspan="2">改建措施</td></tr>
<tr><td colspan="2"></td><td colspan="2"></td><td colspan="2"></td></tr>
</table>

[1] 采购审计是指对从规划到控制的所有采购过程进行结构化审查，主要目的就是总结出本次采购过程中的经验和教训，为本项目其他采购合同或执行组织内其他项目提供可以借鉴的素材。

续表

项目经理总结栏		
本次采购活动的经验	本次采购活动的不足之处	改建建议

本节内容精要

- 庄彩够和胡积诚在采购合同履约结束后，进行了采购收尾工作，并编写了“项目采购工作总结报告”。

项目收尾

项目每个阶段结束后，张成功都会组织项目组相关人员进行阶段收尾和阶段工作总结，由于阶段收尾与项目收尾的目的和所需要完成的工作类似，所以本节只讨论项目收尾。

整个项目工作全部结束后，张成功组织项目组全体员工，进行了全面的项目收尾工作（见图 7-2）。

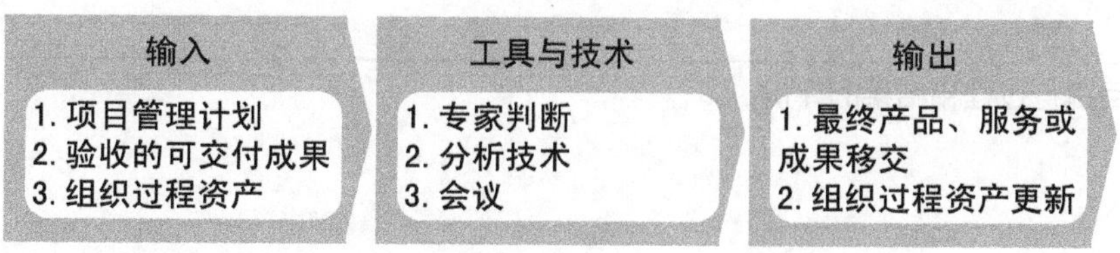

图 7-2　结束项目或阶段过程中的输入、工具与技术及输出

项目组各成员总结了自己在项目中的收获、成长和不足，以及对项目执行过程和结果的评价，张成功从管理的角度总结了项目的绩效、成绩和不足（见表 7-2 和表 7-3）。

表 7-2 “个人总结报告”模板

<table>
<tr><th colspan="4">个人总结报告</th></tr>
<tr><td colspan="4">项目名称</td></tr>
<tr><td>总结人</td><td></td><td>总结时间</td><td></td></tr>
<tr><td colspan="4">个人对项目的主要贡献</td></tr>
<tr><td colspan="4">个人在项目中获得的成长和进步</td></tr>
<tr><td colspan="4">个人在项目中出现的问题或不足</td></tr>
<tr><td colspan="4">个人对项目执行过程和结果的评价</td></tr>
</table>

表 7-3 “项目总结报告”模板

<table>
<tr><th colspan="4">项目总结报告</th></tr>
<tr><td colspan="2">项目名称</td><td colspan="2"></td></tr>
<tr><td>总结人</td><td></td><td>总结时间</td><td></td></tr>
<tr><td colspan="4">项目建设过程回顾</td></tr>
<tr><td colspan="4">项目绩效数据（包括但不限于项目范围管理、进度管理、成本管理、质量管理、团队管理等方面，需要列出实际数据）</td></tr>
<tr><td colspan="4">项目管理经验总结</td></tr>
<tr><td colspan="4">项目团队成员的成长情况</td></tr>
<tr><td colspan="4">项目存在的不足</td></tr>
<tr><td colspan="4">项目经理在管理方面存在的不足</td></tr>
</table>

在项目收尾时，张成功利用项目实际数据进行了测算，发现该项目的实际成本比预算少 7%，总生产率比公司的标准生产率提高了 11%。

做完这个项目之后，张成功也对自己进行了全面总结，并写了若干管理心得和体会，有关这方面的内容，详见第十章。

本节内容精要

- 在项目（阶段）工作结束后，张成功组织项目组成员进行项目（阶段）工作总结。
- 在项目工作结束后，项目组各成员编写了“个人总结报告”；张成功负责编写了“项目总结报告”。

庆功宴

项目历时 12 个月零 5 天顺利完工（比原计划延迟了 13 天），用户对该项目的评价为 91.5 分（这一分数在公司给出的评价等级中属于“优秀”），公司领导嘉奖了项目组。

张成功按照项目组订立的绩效考核办法，给项目组成员核算并分发了项目奖金，大家都非常高兴。

项目庆功宴被选在了一个阳光明媚的星期六下午，地点是在郊区一个风景秀丽的碧水山庄。项目组全体成员参加了庆功宴，张成功还邀请了项目建设方项目经理郝槚枋、公司总经理郑圆通、资深项目经理李全才、部门经理邹百通、人力资源部经理赵和谐、公司过程质量部经理闫格等参加了庆功宴。

下午两点钟，庆功会正式举行，张成功首先代表项目组致了欢迎词，然后公司总经理郑圆通和部门经理邹百通分别进行了简短的发言（主要是从领导的角度对项目进行了总结和表彰）；接着是项目建设方项目经理郝槚枋代表项目建设方感谢张成功团队的付出；最后张成功代表项目组进行了总结汇报和致谢。张成功的发言内容如下。

尊敬的各位领导、亲爱的各位同事：

在大家的共同策划和一致努力下，我们所负责的这个项目历时 12 个月零 5 天已顺利完工；该项目的实际成本比预算少 7%，总生产率比公司标准生产率提高了 11%，客户满意度为 91.5 分。其他绩效情况，请大家翻阅桌面上的“项目总结报告”文档。

在此，我首先要感谢公司领导郑圆通总经理给了我这个机会，让我得到了锻炼和提升；感谢部门经理邹百通对我工作的大力支持和关怀；感谢资深项目经理李全才一路对我的悉心指导和培养；感谢项目建设方项目经理郝樌枋给予我的支持、理解和配合；感谢我们整个项目团队兄弟姐妹们数月如一日的辛勤付出和对我的理解和包容；最后我要感谢我的女朋友阿芬（虽然她不在现场），感谢她的支持、理解、关心、鼓励和照顾。总之，我要感谢所有为该项目付出的领导和同事，是你们成就了该项目的成功。

谢谢大家！

讲到这里，张成功由衷地向在座的领导和同事们鞠了三个躬，眼含激动和感谢的热泪回到了自己的座位。当然，此时台下也响起了庆功和感谢的热烈掌声。

庆功会开了一个半小时，庆功会结束后，就是大家根据各自的兴趣爱好进行娱乐活动：唱卡拉 OK、钓鱼、打扑克、闲聊等，12 个月来大家好像从来没有这么放松过。

庆功晚宴于 6:30 举行，一共开了三大桌，大家开怀畅饮，互相敬酒致谢，好不惬意。张成功一一给领导和同事们敬了酒，特别向资深项目经理李全才敬了 3 杯酒。因为，在张成功的心里，李全才是自己的导师，是对自己帮助最大的生命中的贵人。

那天，他们玩得很高兴。庆功晚宴一直进行到晚上十点钟，大家才依依不舍地离开了碧水山庄。

回到家里，张成功给自己的女朋友阿芬发了一条微信，然后才洗簌就寝。微信内容如下：

亲爱的芬，今天的项目庆功宴，我非常开心，我想你也一样。感谢你一直以来对我的鼓励和支持；成绩只属于过去，为了我们更美好的明天，我将再接再厉，再创佳绩，晚安。

真是心有灵犀，阿芬也一直在等待自己男朋友张成功的微信；阿芬看完信息，心里无限甜蜜地进入了梦乡。

本节内容精要

- 项目工作结束后，张成功组织项目组召开了项目庆功宴会。
- 在项目庆功会议上张成功发表了总结汇报和致谢演讲；在庆功宴会上，张成功举杯一一道谢。

“IT项目管理知识体系”47个过程的一般关系

庆功宴后的第二天，张成功抽时间对国内某省全省大集中电子政务行政办公系统建设项目的整个建设过程进行了回顾；根据自己的实际执行经验及在国内某省全省大集中电子政务行政办公系统建设项目管理过程中出现的一些问题，进行了认真的反思，对“IT项目管理知识体系”47个过程的一般关系重新进行了梳理和优化，绘制出了如下的一般关系图（见图7-3）。

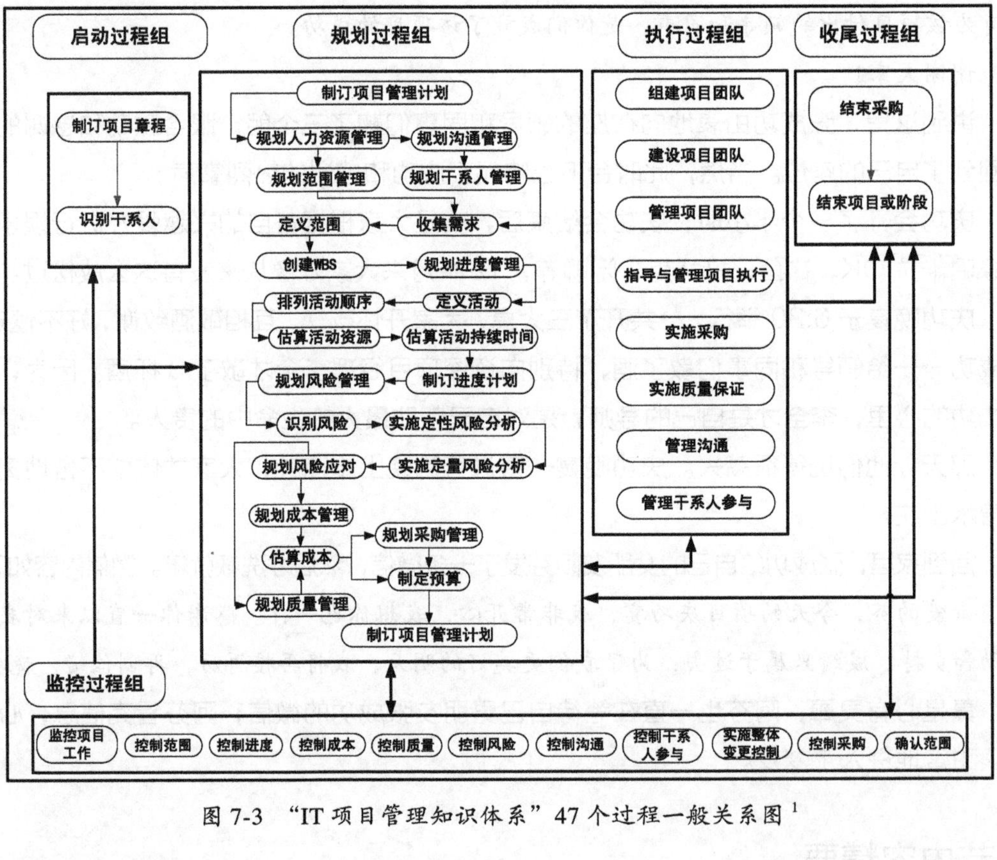

图7-3 “IT项目管理知识体系”47个过程一般关系图[1]

本节内容精要

◆ 张成功结合自己的工作经验绘制了“IT项目管理知识体系”47个过程的一般关系图。

---

1 在制订项目计划时，首先根据“制订项目管理计划”过程编制“项目管理总体计划”，在“项目管理总体计划”的指导下，编制各子计划，然后再通过“制订项目管理计划”过程汇总和整合各子计划，形成“项目管理计划”。

第八章

营造高效的项目团队

团队是创造项目成果的源动力。如何营造出高效的项目团队，进而为项目创造出最大的价值，是张成功在该项目的开发和实施过程中所关注的重点工作之一。

知人才能善用

在项目组大部分人员到位后，张成功就给项目团队成员做了一个关于“角色特征”的测试。因为李全才之前告诉过他，可以根据团队成员的性格和行为特征，将团队成员划分成八大角色[1]（见图 8-1）。

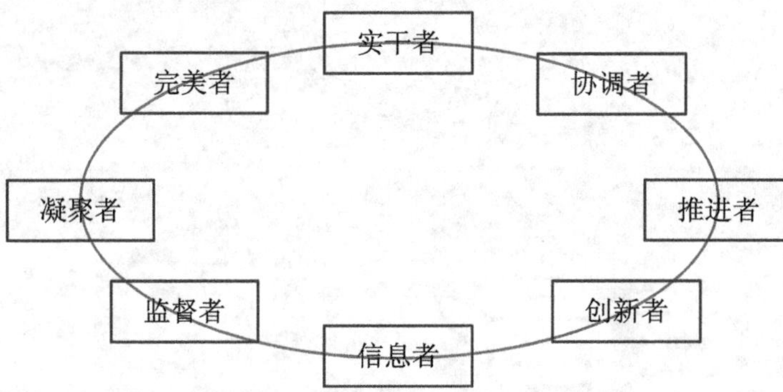

图 8-1 团队角色模型

李全才说，在项目工作的推进过程中，一定要注意“因才施用”。

张成功通过查阅大量资料，从理论层面上透彻了解了这八大角色的定义、典型特征、作用、优点、缺点，为他以后真正能做到“因才施用”和“知人善用”准备了理论基础。为此，张成功专门把查阅到的资料进行了整理，写成了一篇博文，博文的标题是《团队成员的角色类型及其启示》，主要内容如下。

（一）团队角色的八种类型。

（1）实干者

角色描述：实干者非常现实、传统，甚至有点保守，他们崇尚努力，计划性强。喜欢用系统的方法解决问题；实干者有很好的自控力和纪律性。对团队忠诚度高，为团队整体利益着想而较少考虑个人利益。

典型特征：有责任感，高效率，守纪律，但比较保守。

[1] 来源于“贝尔宾模型”，该模型由贝尔宾（Belbin）于 1981 年提出，在业界应用较为广泛。

作用：由于其可靠、高效率且处理具体工作的能力强，因此在团队中作用很大；实干者不会根据个人兴趣而是根据团队需要来完成工作。

优点：有组织能力、务实，能把想法转化为实际行动；工作努力、自律。

缺点：缺乏灵活性，可能会阻碍变革。

（2）协调者

角色描述：协调者能够引领一群不同技能和个性的人向着共同的目标努力。他们代表成熟、自信和信任，办事客观，不带个人偏见；除权威之外，更有一种个性的感召力。在团队中能很快发现各成员的优势，并在实现目标的过程中能妥善运用。

典型特征：冷静，自信，有控制力。

作用：擅长领导一个具有各种技能和个性特征的群体，善于协调各种错综复杂的关系，喜欢平心静气地解决问题。

优点：目标性强，待人公平。

缺点：个人业务能力可能不会太强，另外比较容易将团队的成果归为已有。

（3）推进者

角色描述：说干就干，办事效率高，自发性强，目的明确，有高度的工作热情和成就感；遇到困难时，总能找到解决办法；推进者大都性格外向且干劲十足，喜欢挑战别人，好争端，而且一心想取胜，缺乏人际间的相互理解，是一个具有竞争意识的角色。

典型特征：勇于接受挑战，好交际，富有激情。

作用：是行动的发起者，敢于面对困难，并义无反顾地加速前进；敢于独自做决定而不介意别人的反对。推进者是确保团队快速行动的最有效成员。

优点：随时愿意挑战传统，厌恶低效率，反对自满和欺骗行为。

缺点：有挑衅嫌疑，做事缺乏耐心。

（4）创新者

角色描述：创新者拥有高度的创造力，思路开阔，观念新，富有想象力，是“点子型的人才”。他们爱出主意，其想法往往比较偏激和缺乏实际感。创新者不受条条框框的约束，不拘小节，难守规则。

典型特征：有创造力，个人主义，非正统。

作用：提出新想法和开拓新思路，通常在项目刚刚起动或陷入困境时，创新者显得非常重要。

优点：有天分，富于想象力，智慧，博学。

缺点：好高骛远，不太关注工作细节和计划，与别人合作本可以得到更好的结果时，却喜欢过分强调自己的观点。

（5）信息者

角色描述：信息者经常表现出高度的热情，是一个反应敏捷、性格外向的人。他们的强项是与人交往，在交往的过程中获取信息。信息者对外界环境十分敏感，一般最早感受到变化。

典型特征：外向，热情，好奇，善于交际。

作用：有与人交往和发现新事物的能力，善于迎接挑战。

优点：有天赋，富于想象力，智慧，博学。

缺点：当初的兴奋感消逝后，容易对工作失去兴趣。

（6）监督者

角色描述：监督者严肃、谨慎、理智、冷血质，不会过分热情，也不易情绪化。他们与群体保持一定的距离，在团队中不太受欢迎。监督者有很强的批判能力，善于综合思考谨慎决策。

典型特征：冷静，不易激动，谨慎，精确判断。

作用：监督者善于分析和评价，善于权衡利弊来选择方案。

优点：冷静，判别能力强。

缺点：缺乏超越他人的能力。

（7）凝聚者

角色描述：是团队中最积极的成员，他们善于与人打交道，善解人意，关心他人，处事灵活，很容易把自己同化到团队中。凝聚者对任何人都没有威胁，是团队中比较受欢迎的人。

典型特征：合作性强，性情温和，敏感。

作用：凝聚者善于调和各种人际关系，在冲突环境中其社交和理解能力会成为资本；凝聚者信奉“和为贵”，有他们在的时候，人们能协作得更好，团队士气更高。

优点：随机应变，善于化解各种矛盾，促进团队合作。

缺点：在危机时刻可能优柔寡断，不太愿意承担压力。

（8）完美者

角色描述：具有持之以恒的毅力，做事注重细节，力求完美；他们不大可能去做那些没有把握的事情；喜欢事必躬亲，不愿授权；他们无法忍受那些做事随随便便的人。

典型特征：埋头苦干，守秩序，尽职尽责，易焦虑。

作用：对于那些重要且要求高度准确性的任务，完美者起着不可估量的作用；在管理方面崇尚高标准严要求，注意准确性，关注细节，坚持不懈。

优点：坚持不懈，精益求精。

缺点：容易为小事而焦虑，不愿放手，甚至吹毛求疵。

实干者善于行动，团队中如果缺少实干者，则会太乱；协调者善于寻找到合适的人，团队中如果缺少协调者，则领导力不强；推进者善于将想法立即变成行动，团队中如果缺少推进者，则工作效率将会不高；创新者善于出主意，团队中如果缺少创新者，则思维会受到局限；信息者善于发掘最新“情报”，团队中如果缺少信息者，则会比较封闭；监督者善于发现问题，团队中如果缺少监督者，则工作绩效不稳定，甚至可能大起大落；凝聚者善于化解矛盾，团队中如果缺少凝聚者，则人际关系将会变得紧张；完美者强调细节，团队中如果缺少完美者，则工作会比较粗糙。

（二）团队角色类型给我们的启示。

（1）每一种角色都很重要

“世间万物各有功用”，人亦如此。团队中的每一个角色都是被需要的，也都是非常重要的，“一个都不能少”。当团队中同一角色类型的成员较多而其他类型的成员缺乏时，作为团队管理者需要根据实际需要，进行人员的合理调配或培养。

（2）一个人不可能完美，但团队可以

“金无足赤，人无完人”，一个人不可能什么都懂，什么都能干。但具有不同性格和能力特征的成员一旦组成了一个团队，则这样的团队就可能完美，就可能创造出奇迹。

（3）用人所长

“没有垃圾，只有放错地方的金子”，管理者一定要善于发现和利用下属的长处并恰当地安排工作；在很多时候，“扬长”比“避短”效果更明显，也更容易做到。

（4）尊重团队角色的差异，包容不足

“世界上没有完全相同的两片树叶”，人亦如此。作为管理者需要尊重团队角色的差异，千万不能只认可与自己性格和能力相同或相似的成员，而排斥甚至打击与自己性格和能力相异的成员。

（5）通过合作弥补不足，实现“1+1>2”

“没有人十全十美，也没有人一无是处”——一个人不可能什么都懂，必须接受自己的“无知”；一个人不可能什么都会，必须接受自己的“无能”。当自己“无知”的时候，找“有知”者合作；当自己“无能”的时候，找“有能”者共事。只有合作才能弥补个体的不足，才可能创造出“1 + 1 > 2”的绩效。迷失在森林中的瞎子和瘸子的故事告诉我们，只有瞎子和瘸子合作（瞎子背瘸子；瘸子指路，瞎子走路）才有可能都走出森林，单独行动都只能是死路一条。

张成功采用了如下的“团队角色自测问卷”[1] 和“团队角色自测分析表”（见表 8-1 和表 8-2）。

表 8-1 团队角色自测问卷

团队角色自测问卷
说明： 对下列问题的回答，可能在不同程度上描绘了您的行为。每题有八句话，请将 10 分分配给这八个句子。分配的原则是：最能体现您行为的句子得分最高，依此类推。最极端的情况也可能是 10 分全部分配给其中的某一句话。请根据您的实际情况把分数填入后面的表中。 自测问卷： 一、我认为我能为团队做出的贡献是。 A. 我能很快地发现并把握住新的机遇。 B. 我能与各种类型的人一起合作共事。 C. 我生来就爱出主意。 D. 我的能力在于，一旦发现某些对实现集体目标很有价值的人，我就及时把他们推荐出来。 E. 我能把事情办成，这主要靠我个人的实力。 F. 如果最终能导致有益的结果，我愿面对暂时的冷遇。 G. 我通常能意识到什么是现实的，什么是可能的。 H. 在选择行动方案时，我能不带倾向性，也不带偏见地提出一个合理的替代方案。 二、在团队中，我可能有的弱点是。 A. 如果会议没有得到很好的组织、控制和主持，我会感到不痛快。 B. 我容易对那些有高见而又没有适当地发表出来的人表现得过于宽容。 C. 只要集体在讨论新的观点，我总是说的太多。 D. 我的客观看法，使我很难与同事打成一片。 E. 在一定要把事情办成的情况下，我有时使人感到特别强硬以至专断。 F. 可能由于我过分重视集体的气氛，我发现自己很难与众不同。 G. 我易于陷入突发的想象之中，而忘了正在进行的事情。 H. 我的同事认为我过分注意细节，总有不必要的担心，怕把事情搞糟。

[1] 本团队角色自测问卷摘录自李涛、张莉合著的《项目管理》（中国人民大学出版社，2005 年 9 月出版）一书第 292 页到 296 页，经笔者适当加工。

续表

团队角色自测问卷
三、当我与其他人共同进行一项工作时。 A. 我有在不施加任何压力的情况下，去影响其他人的能力。 B. 我很小心随时注意预防工作中的疏忽。 C. 我愿意施加压力以换取行动，确保会议不是在浪费时间或离题太远。 D. 在提出独到见解方面，我是数一数二的。 E. 对于与大家共同利益有关的积极建议，我总是乐于支持的。 F. 我热衷寻求最新的思想和新的发展。 G. 我相信我的判断能力有助于他人做出正确的决策。 H. 我能使人放心的是，对那些最基本的工作，我都能组织得井井有条。 四、我在工作团队中的特征是。 A. 我有兴趣更多地了解我的同事。 B. 我经常向别人的见解发起挑战或坚持自己的意见。 C. 在辩论中，我通常能找到论据去推翻那些不甚有理的主张。 D. 一旦确定必须立即执行一项计划，我就有推动工作运转的才能。 E. 我不在意使自己太突出或出人意料。 F. 对承担的任何工作，我都能做到尽善尽美。 G. 我乐于与工作团队以外的人进行联系。 H. 尽管我对所有的观点都感兴趣，但这并不影响我在必要的时候下决心。 五、在工作中我得到满足，因为。 A. 我喜欢分析情况，权衡所有可能的选择。 B. 我对寻求解决问题的可行方案感兴趣。 C. 我感到，我在建立良好的工作关系。 D. 我能对决策有强烈的影响。 E. 我能适应那些有新意的人。 F. 我能使人们在某项必要的行动上达成一致意见。 G. 我感到我有一种全身心地投入到工作中去的气质。 H. 我很希望找到一块可以发挥我想象力的天地。 六、如果突然给我一件困难的工作，而且时间有限，人员不熟。 A. 在有新方案之前，我宁愿先躲进角落，拟定出一个解脱困境的方案。 B. 我比较愿意与那些表现出积极态度的人一道工作。 C. 我会设想通过用人所长的方法来减轻工作负担。 D. 我天生的紧迫感，将有助于我们不会落在计划后面。 E. 我认为我能保持头脑冷静，富有条理地思考问题。 F. 尽管困难重重，我也能保证目标始终如一。

续表

团队角色自测问卷
G. 如果集体工作没有进展，我会采取积极措施去加以推动。
H. 我愿意展开广泛的讨论，意在激发新思想，推动工作。
七、对于那些在团队工作中或与周围人共事时所遇到的问题。
A. 我很容易对那些阻碍前进的人表现出不耐烦。
B. 别人可能批评我太重分析而缺少直觉。
C. 我有做好工作的愿望，能确保工作的持续进展。
D. 我常常容易产生厌烦感，需要一两个有激情的人使我振作起来。
E. 如果目标不明确，让我起步是很困难的。
F. 对于我遇到的复杂问题，我有时不善于加以解释和澄清。
G. 对于那些我不能做的事，我有意识地求助他人。
H. 当我与观点不同的人发生冲突时，我没有把握使对方理解我的观点。

表 8-2 团队角色自测分析表

团队角色自测分析表																
大题号		实干者		协调者		推进者		创新者		信息者		监督者		凝聚者		完美者
一	G		D		F		C		A		H		B		E	
二	A		B		E		G		C		D		F		H	
三	H		A		C		D		F		G		E		B	
四	D		H		B		E		G		C		A		F	
五	B		F		D		H		E		A		C		G	
六	F		C		G		A		H		E		B		D	
七	E		G		A		F		D		B		H		C	
总计																

张成功后来总结道，在项目的建设过程中，他根据项目团队成员的不同角色特征，有意安排实干者主要做模块设计和编写程序等工作；安排协调者主要协助自己做项目管理相关工作；安排推进者主要做对项目进度影响较大的工作；安排创新者主要做系统架构设计工作；安排信息者主要做需求调研工作；安排监督者主要做检查和把关工作；安排凝聚者主要做团队建设工作；安排完美者主要做需求、设计等一些重要产出物的评审工作，效果很好。

张成功自己是属于完美者特征的人，作为项目经理，在项目的管理活动中，他不断注意提升自己，努力扬长避短，得到了领导和同事们的好评。

本节内容精要

- 张成功总结了团队角色的八种类型及其启示。
- 张成功采用团队角色自测问卷对项目组成员进行了角色测试，然后据此实施合理的工作任务分派。

让新成员快速融入项目团队

在项目建设过程中，张成功曾遇到过新成员与老成员之间出现矛盾和冲突的现象，后来是在资深项目经理李全才的指导下才走出困境的。

张成功后来认真反思过自己在处理这种问题上所存在的错误和不足，并把自己的心得体会写成了一篇文章，发给了部门经理邹百通，邹百通看过之后，稍加修改，便把这篇文章推荐给了公司负责组织过程资产整理的总经理办公室。

文章的标题是《如何让新成员快速融入项目团队》，主要内容如下。

让新成员快速融入项目团队可以采用如下八项措施。

措施一：项目经理从心里接收和关怀新成员。

从新成员进入项目团队的第一天开始，项目经理就应该从心底里将这些新成员视为“团队家庭”中的成员，并给予充分的关怀。这种关怀不仅仅是工作方面，还应该包括生活方面。特别是对于“人生地不熟”的新成员，更应该多了解和关心他们生活方面的困难，让新成员感受到“家长”的温暖。这一措施对消除新成员的陌生感和孤独感非常有效。

措施二：尽早让新老成员互相认识。

项目经理需要尽早利用合适的机会（可以利用正式的团队会议或活动，也可以利用日常工作的间隙)，将新成员介绍给老成员，将老成员介绍给新成员，让新老成员互相认识。这一措施为新成员“试探”老成员铺垫了途径，并能尽早让新老成员彼此实现交往和交流，从而有利于新老成员互相了解，并建立起合作的工作关系。

措施三：尽早让新成员了解团队情况。

项目经理需要尽早将团队的基本情况（包括团队使命、目标、工作任务、成员组成情况等）详细地介绍给新成员，让他们做到“心中有数”。对新成员来说，对自己即将或已经加入的这一新团队的信息了解得越多，他们心里就越有底，对团队和工作的恐惧感也就会烟消云散。

措施四：尽可能让新成员参与团队讨论和决策。

只要有机会，项目经理就需要鼓励新成员积极参与团队事务的讨论和决策，让他们尽快形成一种主人翁的责任感和荣誉感。这样不仅可以加快新成员对团队工作目标、工作方法的认同，而且可以让他们尽快、主动地承接团队可能委派给他们的工作和任务。

措施五：为新老成员搭建一个充分沟通的平台。

项目经理需要注意创造机会，让新老成员之间实现最广泛的沟通和交流。随着新老成员彼此之间认识和交往的不断加深，新老成员就会“融为一体”，而不会滋生出项目团队中的“小团体”。

措施六：项目经理一视同仁地对待新老成员。

项目经理需要一视同仁，公平、公正地对待新老成员，绝对不要让新成员感觉到“厚此薄彼”。团队领导采取公平、公正的处事方法，新成员才会更加积极主动地放手工作，从而会加快新成员融入整个团队的进程。

措施七：项目经理需要倡导并践行“求真、务实、奉献”的工作风尚。

项目经理需要倡导并践行“求真、务实、奉献”的工作风尚，同时需要鲜明地体现“多劳多得”的用人政策。这样一方面可以刺激新成员（当然也包括老员工）的奉献热情，另一方面也会让新老成员都积极向上，从而使整个团队关系融洽、积极进取。

措施八：积极引导，让团队形成一种彼此尊重、互相信任的团队氛围。

一个彼此尊重、互相信任的团队，能无形中让新成员放松心中的戒备。这样一方面可以让新成员不至于怕这怕那而畏缩不前，另一方面也能让新成员在如此氛围的熏陶下也养成互相尊重、互相信任的好习惯，从而为获得团队的高绩效创造有利条件。

张成功在文章的最后写道：

“心是爱的乐坊”，让新成员快速融入项目团队，需要项目经理“用心”去引导和耕耘。

本节内容精要

◆ 在项目建设过程中，张成功总结了让新成员快速融入项目团队的八大措施。

（1）项目经理从心里接收和关怀新成员。

（2）尽早让新老成员互相认识。

（3）尽早让新成员了解团队情况。

（4）尽可能让新成员参与团队讨论和决策。

（5）为新老成员搭建一个充分沟通的平台。

（6）项目经理一视同仁地对待新老成员。

（7）项目经理需要倡导并践行“求真、务实、奉献”的工作风尚。

（8）积极引导，让团队形成一种彼此尊重、互相信任的团队氛围。

营造高效团队的常用举措

“人不怕没有待遇，就怕没有希望”，这是张成功入职不久后李全才和他讲过的一句话，虽然张成功当时对这句话并不理解，但经过李全才对自己近五年的熏陶，也慢慢懂得了用愿景、目标和共识来带领团队的重要性（用愿景、目标和共识来带领团队，是张成功采用的举措之一）。

同舟才能共济，一损意味着俱损。项目开始之初，张成功就向项目组成员描画了项目的美好蓝图，并就项目目标和大家进行过充分的沟通，并达成了共识，这一举措对凝聚人心产生了重要作用。因为张成功知道，要想使一根软绳前进得更快、更好，从前端拉的效果比从后端推的效果要好很多，团队亦是如此。

虽然张成功是第一次担任项目经理，可以说是摸着石头过河，但他很爱学习、琢磨和借鉴，所以他的工作业绩要强于一般新手。一次，他参加了一个管理沙龙的讲座，学到了 X 理论和 Y 理论[1]。回来之后他即刻上网查阅资料，了解到管理者也分为“X 型理论的管理者”（这种类型的管理者强调和重视工作任务的完成，注重制度建设）和“Y 型理论的管理者”（这种类型的管理者强调和重视人的主观感受，注重人文关怀）；张成功领悟到，要想营造出高绩效的团队，制度建设和文化建设两者都不可或缺（制度建设和文化建设、人文关怀并举，是张成功采用的举措之二）。

一个高效的团队，既需要制度保证，也需要人文关怀。作为项目经理，在制度建设和人文关怀这两个方面都不能偏废，既不能只重视制度建设，也不能只重视人文关怀，因为有规矩才能成方圆，有关心才能动人心！

话虽这样说，但在制度建设和人文关怀两方面，张成功在人文关怀方面做得到位些。记得有一次，董胥俅感冒发烧，张成功得知后，第一时间去药店帮他买药，回来的途中下雨，自己因没带雨伞而被雨水淋湿；又一次，胡积诚因和他女朋友发生口角而心情不好，张成功主动找他聊天开导。

真是知易行难，虽然张成功认为制度建设和人文关怀都非常重要，然而也许自己是管理新手的原因，他在制度建设方面的经验明显不足，特别是在团队成员考核制度和竞合机制上做得明显不够。因此，在项目建设过程中，曾经有一段时间项目团队成员士气低落、工作气氛沉闷、工作效率低下。那段时间，张成功感觉到有点束手无策。还好，正当他一筹莫展的时候，人力资源部经理赵和谐通过观察发现了其中的原因，给他讲的

1 “X 理论和 Y 理论”由道格拉斯•麦格雷戈（Douglas McGregor）提出，该理论是有关人性的两种截然不同的观点：一种是消极的 X 理论（Theory X）；另一种是积极的 Y 理论（Theory Y）。

一个启智小故事让他豁然开朗：

上帝把两群羊放在草原上，一群在南，一群在北。上帝给羊群找了两种天敌，一种是狮子，一种是狼。

上帝对羊群说："如果你们要狼，就给一只，任它随意咬你们。如果你们要狮子，就给两头，你们可以在两头狮子中任选一头，还可以随时更换。"南边那群羊想，狮子比狼凶猛得多，还是要狼吧。于是，它们就要了一只狼。北边那群羊想，狮子虽然比狼凶猛得多，但我们有选择权，还是要狮子吧。于是，它们就要了两头狮子。

那只狼进入南边的羊群后，就开始吃羊。狼身体小，食量也小，一只羊够它吃好几天。这样羊群几天才被追杀一次。北边那群羊挑选了一头狮子，另一头则留在上帝那里。这头狮子进入羊群后，也开始吃羊。狮子不但比狼凶猛，而且食量惊人，每天都要吃一只羊。这样羊群就天天都要被追杀。羊群惊恐万状，它们赶紧请上帝换了一头狮子。不料，由上帝保管的那头狮子一直没有吃东西，正饥饿难耐，它扑进羊群，比前面那头狮子咬得更加疯狂。羊群一天到晚就是逃命，连吃草的时间都快没有了。

南边的羊群庆幸自己选对了天敌，嘲笑北边的羊群没有眼光。北边的羊群非常后悔，向上帝大倒苦水，要求更换天敌，改要一只狼。上帝说："天敌一旦选定，就不能更改，必须世代相随，你们唯一的权力就是在两头狮子中选择。"

北边的羊群只好把两头狮子不断更换。可两头狮子同样凶残，换哪一头都比南边的羊群的命运要悲惨得多，它们索性不换了，让一头狮子吃得膘肥体壮，另一头狮子则饿得精瘦。眼看那头瘦狮子快要被饿死了，羊群才请上帝换了一头。

这头瘦狮子经过长时间的饥饿之后，慢慢悟出了一个道理：自己虽然凶猛异常，一百只羊也不是自己的对手，可是自己的命运却操纵在羊群的手里。羊群随时可以把自己送回上帝那里，让自己饱受饥饿的煎熬，甚至有可能被饿死。想通这个道理后，瘦狮子就对羊群特别客气，它只吃死羊和病羊，凡是健康的羊它都不吃了。羊群喜出望外，有几只小羊提议干脆固定要瘦狮子，不要那头肥狮子了。一只老山羊提醒说："瘦狮子是怕我们送它回上帝那里挨饿，才对我们这么好。万一肥狮子被饿死了，我们没有了选择的余地，瘦狮子就会很快恢复凶残的本性。"羊群觉得老羊说得有理，为了不让另一头狮子饿死，它们赶紧把它换了回来。

原先膘肥体壮的那头狮子，已经饿得只剩下皮包骨头了，并且也懂得了自己的命运是操纵在羊群手里的道理。为了能在草原上待久一点，它竟百般讨好起羊群来。

北边的羊群在经历了重重磨难之后，终于过上了自由自在的生活。南边的那群羊的处境却越来越悲惨了，那只狼因为没有竞争对手，羊群又无法更换它，它就胡作非为起来，每天都要咬死几十只羊，这只狼早已不吃羊肉了，它只喝羊心里的血。它还不准羊叫，哪只叫就立刻咬死哪只。南边的羊群只能在心中哀叹："早知如此，还不如要两头狮子。"

张成功猛然惊醒：原来团队中缺乏"比学赶帮"的竞技氛围！他联想到了管理学中著名的"鲶鱼效应"：挪威人喜欢吃沙丁鱼，尤其是活鱼。市场上活鱼的价格要比死鱼高得多。所以渔民总是千方百计地想办法让沙丁鱼活着回到渔港。可是虽然经过种种努力，绝大部分沙丁鱼还是在中途因窒息而死亡。但却有一条渔船总能让大部分沙丁鱼活着回到渔港。船长严格保守着秘密。直到船长去世，谜底才揭开。原来是船长在装满沙丁鱼的鱼槽里放进了一条以沙丁鱼为主要食物的鲶鱼。鲶鱼进入鱼槽后，由于环境陌生，便四处游动。沙丁鱼见了鲶鱼十分紧张，左冲右突，四处躲避，加速游动。这样沙丁鱼缺氧的问题就迎刃而解了，沙丁鱼也就不会死了。这样一来，一条条沙丁鱼活蹦乱跳地回到了渔港。

赵和谐所讲的这个故事实际上就是"鲶鱼效应"！对，在团队中一定要营造积极的竞技氛围（营造积极的竞技氛围，是张成功采用的举措之三）！张成功心里一下子信心十足，他回到自己的团队，采取了一系列"比学赶帮"的小办法：如设置周业绩冠军奖、月度学习进步奖、月度成员帮扶奖、月度最受同事欢迎奖等，慢慢地团队这一锅水被搅动了起来，团队活力奇迹般地逐渐恢复如初了。

"千斤重担大家挑，人人头上有目标"，张成功明白，良好的分工是为了更好地协作，为了既让团队成员清楚自己的工作任务，从而把自己工作职责履行好，同时又有利力于实现团队成员间的互帮互助，张成功在团队成员的工作分派上也花了不少精力，尽可能做到分工明晰、责权清楚（分工合作，是张成功采用的举措之四）。因为张成功知道，分工和合作并非对立，而是统一的，良好的分工是为了更好地协作。通过良好的分工，大家清楚了哪些是自己的工作职责，这样责任心就更强了；同时也更容易界定哪些工作是在帮助别人（或别人帮助了自己），这样好事做到了明处，大家更乐于帮助别人。

人的潜力是无穷的，关键在于怎么去激发。另外，人其实都是有惰性的，能长时间保持积极的工作态度和工作热情也是不容易的。要激发潜能、保持激情，就需要通过激励，持续不断地激励（激励、持续激励，是张成功采用的举措之五）！

关于如何激励员工，由于缺乏经验，张成功在项目前期做得不够；到了项目中后期，通过一段时间的领悟和总结，张成功发现，其实激励也不是很难，很多激励手段都是可以利用的。在项目中后期，张成功根据不同成员和不同事例的特点，采用了诸如言语鼓励、发小奖品、口头表扬、书面表扬，让员工承接更有挑战性的工作任务等方式，效果还真是不错。

管理就是这样，要产生良好的管理效果，往往需要在不同的时期、不同的场合综合采用多种管理手段。以上是张成功总结的在营造高效团队的过程中使用得最多的五种手段。其实诸如多从正面看待员工、营造学习型团队、组织集体活动（如聚餐、爬山、户外体育运动、拓展训练）等方式也是张成功所使用过的效果不错的团队建设手段。

本节内容精要

◆ 张成功总结了在团队建设过程中主要采用的五大举措。

（1）用愿景、目标和共识来带领团队。

（2）制度建设和文化建设、人文关怀并举。

（3）营造积极的竞技氛围。

（4）分工合作。

（5）激励，持续不断地激励。

◆ 人力资源部经理赵和谐给张成功分享了一个营造团队积极竞技氛围的启智故事。

用绩效激励牵引工作激情

虽然在项目的前期，张成功在绩效激励方面做得不好，但后来却有很大的改进。通过绩效激励，在很大程度上激发了大家的工作激情。

项目结束后，张成功总结出有效绩效考核需要做到的 7 个基本步骤。

第一步：绩效考核动员。让被考核者理解绩效考核对自身的好处，让他们从心底里乐于接受考核。

第二步：考核办法制定。围绕工作性质，制定出合理、科学的考核办法，此步很重要的一点是让被考核者参与考核办法的制定，因为只有参与，才有认同。

第三步：考核办法宣导。让被考核者充分了解绩效考核指标，彻底清楚自己的努力方向。

第四步：绩效考核辅导。根据工作需要进行辅导，让被考核者具备胜任绩效指标所要求的能力。

第五步：绩效考核执行。不折不扣地按考核办法执行考核，充分体现公平、公正、公开的绩效考核理念。

第六步：绩效考核面谈。与被考核者当面，解释考核结果，指出成绩和待改进之处。

第七步：绩效考核总结。总结绩效考核办法和绩效考核过程的经验和不足，作为下次考核周期内绩效考核改进的依据。

张成功在绩效指标的制定和绩效考核上，把握住了如下5个基本原则：

（1）绩效考核制度要合理、公平；

（2）考核办法要和被考核者一起制定，并得到被考核者的认可；

（3）尽可能使用量化的考核指标；

（4）考核指标一定要与被考核者的实际工作职责保持一致；

（5）按“章”兑现。

张成功认为，对项目组一般员工的绩效考核，可以考虑从如下几个指标中选择：工作量（量化指标）、工作质量（量化指标）、个人进步（量化指标）、遵守团队规章制度情况（量化指标）、所在项目组的业绩（量化指标）、项目经理的评价（非量化指标）。

张成功认为，绩效考核结果出来后，一定要进行绩效面谈。因为绩效面谈不仅是评价过去，而且是展望未来，起到了承前（回顾过去绩效）启后（展望未来工作）的双重作用。

张成功总结出绩效面谈可以从如下十个方面[1]展开。

（1）绩效考核周期内的主要工作和各项考核指标的完成情况。

（2）实际的考核结果。

（3）在考核周期内所取得的主要成绩和进步。

（4）在完成绩效指标方面遇到的问题和存在的不足之处。

（5）哪些方面需要改进以及如何改进。

（6）和被考核者沟通下一绩效考核周期内的主要工作。

（7）考核者对被考核者在下一绩效考核周期内的工作绩效的期望。

（8）和被考核者一起探讨当前岗位所需能力和被考核者拥有的优势和存在的不足。

（9）和被考核者一起探讨其个人发展计划，以便在新的考核周期内提供更合适的机

[1] 由于是员工绩效面谈，重点是谈员工的绩效，因此这里提到的十个方面，其中第（8）、（9）、（10）3个方面不是必须的，可以谈也可以不谈，视情况而定。

会和培训。

（10）征求被考核者对管理者或团队工作的意见和看法。

绩效面谈不能是想谈就谈，泛泛而谈的结果肯定等于没谈。张成功总结出了绩效面谈的 6 个步骤。

第一，我们需要进行充分的面谈前准备，包括准备员工的绩效数据、员工绩效与考核指标之间的对比数据、管理者想和下属面谈的主要方面、下属可能会提出的问题等等；这样可以避免泛泛而谈、没有重点。

第二，选择合适的面谈时机和场所，确定面谈时长（面谈前就应该以计划的形式确定，并知会下属）；这样做可以避免想谈就谈、无的放矢。

第三，选择合适的开场白，让双方能快速、清楚地进入面谈主题；这样做一方面可以让面谈气氛轻松，另一方面也能让面谈目标清楚。如季度绩效面谈，可以类似这样开场："某某某，你好，我记得你一直很爱好打羽毛球，最近还经常去打吗？（等待下属回答后可以继续）时间过得很快，一转眼又到了季度末，今天我想利用差不多一个小时的时间，和你一起沟通回顾本季度你的工作绩效情况。"

第四，正式面谈开始（注意面谈双方采用成 90 度入座的方式，这样双方眼神既能充分接触，又不会有面对面入座时的那种"正视"而产生的不适之感），依据之前的面谈规划逐步展开，根据情况可以采用引导、提问、聆听、探讨等多种方式，让沟通既轻松又高效。

第五，绩效面谈结束前，一定要有总结，并得到下属的认同。例如可以这样说："通过刚才一个小时左右的沟通，我们就你的绩效方面达成了如下共识（逐条列出），你看是否是这样？"

第六，绩效面谈结束时，采用鼓励性的语言，并记得对下属配合本次绩效面谈表达感谢之意。

张成功认为绩效面谈需要掌握以下面谈技巧。

（1）维护对方自尊，保持平和态度；既不要以势压人，也不要和下属争吵。

（2）摆事实讲道理，不做假设，也不做提前推断。

（3）尽量多使用正面的语言。

（4）谈话时，只谈论行为（即谈论事实和结果），不谈论个性（即不谈论性格和人品），也就是"对事不对人"。

（5）多应用积极的肢体语言，让面谈气氛轻松活泼。

（6）聆听下属的心声。

（7）采用汉堡式的批评方式（即先肯定好的方面，接着指出不足的方面，最后鼓励对方）。

本节内容精要

- 张成功实践并总结了有效绩效考核需要做到的7个基本步骤。
- 张成功实践并总结了绩效指标制订和绩效考核的5个基本原则。
- 张成功实践并总结了绩效面谈的10个方面。
- 张成功实践并总结了绩效面谈的6个步骤。
- 张成功实践并总结了绩效面谈需要掌握的7个技巧。

营造和谐团队人际关系之项目经理行为规范

人生因为经历而懂得，张成功经历这个项目的全过程管理之后，悟出了很多营造和谐团队人际关系的道理，在公司内部组织的一次项目经理人际关系处理研讨会上，张成功和大家分享了他总结出来的，在营造和谐团队人际关系时项目经理所应该具备的12条行为规范。

（1）勇于承担责任。

央视广告中的一句广告词："心有多大，舞台就会有多大。"其实，应该在"心"之前加一个定语"责任"，即"责任心有多大，舞台就会有多大"。

"推诿责任的管理者一定不是好的管理者"。项目经理一定要勇于承担责任，更不要将自己犯的错误转嫁到他人身上。

在项目的建设过程中，难免会出现这样那样的问题。当问题严重程度较高，影响较大时，项目经理的上司往往会关注到这些问题并"问责于下"，这时项目经理切忌在自己的上司面前直接将责任归咎于某个项目成员。正确的做法是，项目经理应该勇于将责任承担下来。要知道，在一个项目团队中，项目经理是"家长"，项目组成员是"孩子"，"孩子"是需要得到"家长"保护的。如果项目经理为了"明哲保身"而在自己的上司面前将责任推卸给下属，则会让项目组成员对项目经理产生极大的不信任感，甚至让项目组成员感觉到和这样的项目经理在一起共事很危险、没有安全感，这样项目经理和项目团队成员之间的人际关系也就可想而知了。

项目经理需要勇于承担责任，但并不意味着项目经理就不需要追究当事人的过错。如果问题比较严重，事后项目经理可以找问题当事人了解情况并给予适当警告、批评甚至按章处罚，此时当事人一定会愿意接受的。

项目经理为项目组成员承担了责任，项目组成员一定会“感恩戴德”，并乐于为项目经理效力。因此，项目经理勇于承担责任，在处理项目团队中的人际关系时是相当重要的手段。

（2）理解。

人人都渴望理解。项目经理要有良好的包容心态。

作为有共同奋斗目标的项目团队成员，绝少有人会有意给团队带来麻烦或造成损失。当项目成员的工作不尽人意或“好心没有办成好事”时，项目经理需要给予他们充分的理解，有时甚至需要安慰当事人，让他们别把事情放在心上，并尽快采取积极的措施，防止损失扩大化或防止问题再次出现。唯有这样，当事人才会更有内疚感，才会更加积极、主动、谨慎地工作，并为团队努力创造更大的价值，以弥补自己过往给团队带来的损失。如果一味责备，轻则让项目成员凡事小心翼翼不敢创新，重则让项目团队特别是项目经理失去向心力，不利于和谐团队的建立。

当然，如果真有“故意破坏之人士”，项目经理需要在有理有据的基础上改造他，实在是“害群之马”，在改造无效的情况下，也不妨果断将之请出团队。

（3）尊重。

人都需要被尊重，这是人性的需要。

项目团队成员，来自不同的地域，具有不同的文化背景、知识阅历和工作经历，因此对同一问题的理解和看法，存在不一致甚至是完全相反的观点，都是在所难免的，何况有时候项目经理本人的看法也不一定就比其他项目成员高明。作为项目经理，需要充分尊重大家的看法，如果能通过适当的途径让大家达成理解或看法上的一致，那是一件皆大欢喜的事情，如果实在难以说服，项目经理在非原则问题上，适当妥协、求同存异，也不失为创造“共赢”局面的良策。有时候，适当包容些个性的张扬，对项目团队的创造力也能带来好处。

（4）沟通。

“沟通”是问题冰释的最有效途径。

身为项目经理，一定要充分利用好沟通这一人际关系的处理方法。项目成员的工作积极性下降了，项目成员的工作质量不如以前了，项目成员对项目经理的信任度降低了，类似这样的情况出现了，作为项目经理，千万不要埋怨或不分青红皂白地利用手中的权力批评、处罚项目组成员。事出总有因，此时项目经理一定要与当事人进行充分的沟通，了解问题出现的真正原因后“对症下药”，才能“药到病除”；否则不但“旧病未除”，而且“新病又起”，造成问题堆积，严重影响和谐团队的形成。

（5）微笑。

微笑是成功交流的第一步，是调节各种矛盾的润滑剂。

板起面孔说话和做事的人，人们只能对他“敬而远之”，只要有可能，就不会愿意和他共事。

现代的项目团队，是一个协同作战的团队，我们应该尽量淡化团队成员之间上下级的界限和区别，让大家有一个轻松和谐的工作环境。项目经理对大家亲切和友善的最好表达方式就是面带微笑。特别是当项目经理与项目成员之间年龄或知识层次相差较大时，这一点更加重要。

（6）积极聆听。

“聆听”是拉近人与人之间心灵距离的有效方法，也是让人愿意交心的法宝。

有些项目经理有强烈的自我主张，他们习惯果断而迅速地决定问题，然而自我主张过于强烈，就不易于倾听别人的意见，容易造成一意孤行，无法与项目成员进行有效沟通。

因此，项目经理一定要养成“积极聆听”的好习惯。项目经理如果能成为项目成员的一位忠实的聆听者，那这样的项目团队一定是一个积极向上，能创造高绩效的团队。

（7）换位思考。

孔子曰：“己所不欲，勿施于人。[1]”

要想别人怎么对待你，你就应该怎样对待别人；如果你不想别人如此对待你，那你就最好也不要这样对待别人。作为项目经理，当我们准备采取某种行动或执行某项制度时，我们一定要事先设身处地地站在项目成员的角度感受一下这种行动或制度可能带来的影响和可接受程度，这样也是规避一项措施可能带来风险的一个行之有效的方法。

另外，当我们不能理解别人的想法或行动时，我们不妨换位思考，因为换位思考有助于我们了解别人的想法的由来，从而能更好地理解别人。

1 出自《论语·颜渊》。这句话的意思是：自己不想要的东西，就不要强加给别人。

（8）兑现承诺。

诚信是为人处世的基本原则，是一个人不断得到别人尊重并愿意与之长期合作的根基。

诺言好比一针兴奋剂，它能激发项目团队成员的工作热情，如果项目经理不信守承诺从而让承诺再三变成“肥皂泡”，那项目经理以后的承诺就没有任何可信度了。作为项目经理，我们不要轻易给项目成员以承诺，一旦承诺，就要全力以赴地将承诺变成现实；如果由于客观存在的原因，原来的承诺无法实现，项目经理也需要提前并非常有诚意地向当事人解释，并试图得到他们的理解，如有机会，也尽量换一种方式予以弥补；当承诺无法实现时，千万不要使其不了了之。

（9）公平。

“公平”是真正能解决问题和矛盾的唯一出发点。

公平不等于平均。我们需要坚决反对平均主义。有些项目经理误认为采用“平均主义”能规避或化解项目团队成员之间的冲突，其实这是大错而特错的观点。“平均主义”可能在某一时间点上能产生一点积极作用，但时间长了，只会严重削减团队的战斗力，让原本积极主动的团队成员养成“差不多就行”的工作习惯，让原本就滥竽充数的团队成员变得更加游手好闲。项目经理只有公平地对待每一位项目组成员，做到奖罚分明，才能真正让项目成员信服，也才能树立起项目经理真正的威信和个人魅力，从而为和谐团队的建立奠定坚实的人文基础。

（10）自我反思。

“自我反思”是一个人成熟的表现，也是一个人能不断进步的最佳途径。

“人非圣贤，孰能无过”。作为项目经理，肯定也不例外。定期或不定期反思自己的行为或决定，能避免“官僚主义”现象的发生，也能为以后采取更加切合实际的行动或措施奠定基础。另外，项目经理自我反思，也是对项目成员的一种潜在的影响和感化。项目经理通过自我反思将会得到项目成员越来越多的尊敬和支持，而绝对不是相反。

（11）以身作则。

好的榜样往往比说破嗓子更管用，项目经理的言行往往是团队的旗帜，是大家效仿的榜样，项目经理要求项目组成员做到的，项目经理需要首先带头做到。

有些项目经理一味要求项目团队成员需要如何如何做，但他自己却游离在这些要求或规则之外；这种做法是相当危险的，因为这样做往往只会让项目成员口服心不服，项目成员迫于项目经理的权威勉强应付，而不是发自内心地刻苦工作，这样的工作肯定没有好效果，久而久之也会让团队分崩离析；如果项目经理能严格要求自己并真正成为团队的“领头羊”，这样通过项目经理的个人榜样力量让项目成员潜移默化，从而心甘情愿地努力工作，这时不但工作效果好，而且项目组成员会紧密地团结在项目经理周围，并更加拥护项目经理的决定，这样的项目团队自然就是人际关系融洽的项目团队了。

（12）坚持原则。

“无规矩不成方圆”，项目经理需要坚持原则。

项目经理需要和项目团队成员建立融洽和谐的工作关系，但决不是要项目经理做“好好先生”。在非原则问题处理上，项目经理可以为了缓和团队成员的关系或为了项目的长远目标而适当“迁就”，但在原则问题上，要表现出项目经理的正气。要相信，一个在大是大非面前不糊涂的项目经理，一定能得到最大多数项目成员的肯定和拥护。

本节内容精要

◆ 张成功总结了自己实践的营造和谐团队人际关系时项目经理所应该具备的12个行为规范。

（1）勇于承担责任。

（2）理解。

（3）尊重。

（4）沟通。

（5）微笑。

（6）积极聆听。

（7）换位思考。

（8）兑现承诺。

（9）公平。

（10）自我反思。

（11）以身作则。

（12）坚持原则。

第九章

有效沟通管理

把沟通的种子种植在自己的心田

还记得入职之初，张成功参加入职培训时，公司人力资源部经理赵和谐就给他们分享过这样一个故事。

我国台湾地区著名演说家林语堂先生，有一次要参加一个非常重要的演讲，他本人也非常重视。为此，他专程从中国台湾飞到中国香港定做了一套西装。在他临近演讲的前一天晚上，这套西装从香港空运到了台湾。林语堂先生一穿，看起来非常不错。但美中不足的是，这套西装的西裤，右裤腿比左裤腿长了差不多2厘米，但也无伤大雅，要送回去改也来不及了。于是林语堂先生把西装叠好放到衣橱里，高高兴兴地睡觉去了。睡到凌晨两点钟，林语堂先生的妈妈醒了，她想我的儿子一表人才，且具备一流口才，要是明天因为这套西装而影响演讲效果的话，别人会说我这个做母亲的失职，于是她悄悄地起床，从衣橱里面拿出西裤，用两根手指比划了一下，把右裤腿剪掉了差不多2厘米，然后抿一抿、缝一缝、烫一烫，叠好，放到衣橱里面高高兴兴地睡觉去了；睡到凌晨四点钟，林语堂先生的太太醒了，她想我的老公一表人才，且具备一流口才，要是明天因为这套西装而影响演讲效果的话，别人会说我这个做妻子的失职，于是她也悄悄地起床，为了不影响老公的休息，她灯也没开，从衣橱里面拿出西裤，用两根手指比划一下，又把右裤腿剪掉了差不多2厘米，然后抿一抿、缝一缝、烫一烫，叠好，放到衣橱里面高高兴兴地睡觉去了；睡到早上六点钟，林语堂先生的女儿醒了，她想我的爸爸一表人才，且具备一流口才，要是明天因为这套西装而影响演讲效果的话，非常不好，我现在已经长大了，应该为父亲做点什么。于是她也悄悄地起床，从衣橱里面拿出西裤，用两根手指比划一下，又把右裤腿剪掉了差不多2厘米，然后抿一抿、缝一缝、烫一烫，叠好，放到衣橱里面高高兴兴地睡觉去了。早上起来，林语堂先生洗漱完毕，把西装一穿，感到非常纳闷，昨天明明是右裤腿比左裤腿长了差不多2厘米，今天怎么是左裤腿比右裤腿长了差不多4厘米。正当他百思不得其解的时候，他发现自己的妈妈、太太和女儿都站在衣橱旁边等着论功行赏，林语堂先生终于明白了。

最至真至纯的亲情的表达也需要沟通啊！张成功备受这个故事的启迪，所以从入职开始，他就把沟通的种子种植在了自己的心田，一直重视和自己的领导、同事和客户的沟通，他努力把“沟通”内化为自己的一种行为习惯。

后来，张成功越来越体会到了沟通的重要性和好处。

本节内容精要

- 公司人力资源部经理赵和谐给张成功分享了中国台湾地区著名演说家林语堂先生的一个关于沟通的故事。
- 张成功试图把“无处不沟通”内化为自己的一种行为习惯。

灵活运用不同的沟通方式

沟通是人际关系建设的永恒话题，沟通也是项目得以顺利开展的有力保障。秦相张仪说过：只要舌头还在，一切皆有可能；管理书籍上也说，“项目经理大约有75%到90%的时间花在沟通上”，可见沟通在项目建设过程中的重要性。然而，张成功也注意到，沟通也要注意方式方法，不同的沟通方式适合不同的场合。经过实践，张成功总结出了团体沟通和个人沟通几种常用的方式及这些方式的适用情境。

1. 团体沟通：团体沟通，顾名思义是指至少3人以上参加的信息沟通活动。团体沟通主要有以下三种常用的沟通方式：会议沟通、E-mail（邮件）沟通和书面沟通。

（1）会议沟通

“会议沟通”往往能达成重要问题的解决，但它也是一种成本较高的沟通方式，沟通的时间一般比较长，因此常用于解决较重大、较复杂的问题。如下的几种情境宜采用会议沟通的方式进行：

- 需要统一思想或行动时（如工作思路的讨论、工作计划的讨论等）；
- 需要当事人清楚、认可和接受时（如考核制度发布前的讨论、考勤制度发布前的讨论）；
- 传达重要信息时（如工作总结、经验教训分享会议）；
- 澄清一些谣传信息，而这些谣传信息将对团队产生较大影响时；
- 讨论复杂问题的解决方案时（如针对复杂的技术问题，讨论已收集到的解决方案）。

（2）E-mail（邮件）沟通

“E-mail（邮件）沟通”是一种比较经济的沟通方式，沟通的时间一般不长，沟通成本也比较低。这种沟通方式一般不受场地的限制，因此被我们广泛采用。这种方式一般在解决较简单的问题或发布信息时采用。如下的几种情境宜采用E-mail沟通的方式进行。

- 简单问题小范围沟通时（如3至5个人沟通一下工作产出物的最终评审结论）。
- 需要大家先思考、斟酌，短时间不需要或很难有结果时（如团队活动的讨论、复杂技术问题提前知会大家思考）。
- 传达非重要信息时（如分发周项目状态报告）。
- 澄清一些谣传信息，而这些谣传信息可能会对团队带来影响时。

（3）书面沟通

“书面沟通”是一种比较正式的沟通方式，用在一些正式的场合。如下的几种情境宜采用书面的沟通方式进行。

- 向相关人员发布正式文件时。
- 需要相关人员签字认可时。

2. 个体沟通：所谓“个体沟通”，是指两人之间的沟通。个体沟通主要有以下四种常用的沟通方式：当面沟通、电话沟通、E-mail（邮件）沟通和书面沟通。

（1）当面沟通

“当面沟通”是一种自然、亲近的沟通方式，这种沟通方式往往能加深彼此之间的友谊，加速问题的冰释。如下的几种情境宜采用当面沟通的方式进行。

- 彼此之间的办公距离较近时（如两人在同一办公室）。
- 彼此之间存有误会时。
- 对对方工作不太满意，需要指出其不足时。
- 彼此之间已经采用了 E-mail 的沟通方式，但问题尚未解决时。

需要提醒注意的是：沟通双方如果距离不是很远，就应该优先采用当面沟通的方式。

（2）电话沟通

“电话沟通”是一种比较经济的沟通方式。如下的几种情境宜采用电话沟通的方式进行。

- 彼此之间的办公距离较远、但问题比较简单时（如两人在不同的办公室需要讨论一个数据报表的问题）。
- 彼此之间的距离很远，很难或无法当面沟通时。
- 彼此之间已经采用了 E-mail 的沟通方式但问题尚未解决时。

需要特别注意的是：在成本相差无几的情况下，建议优先采用当面沟通的方式。

（3）E-mail（邮件）沟通

“E-mail（邮件）沟通”是一种最经济的沟通方式。沟通的时间一般不长，并且不受场地的限制，因此被我们广泛采用。这种方式一般在解决较简单的问题或互相知会一些信息时采用。如下的几种情境宜采用 E-mail 沟通的方式进行。

- 小问题沟通时（如双方讨论一些小事情时）。
- 复杂问题需要借助“书面”才能表达清楚时（这类问题往往需要采用书面表达和口头表达相结合的方式）。
- 需要对方先思考、斟酌，短时间不需要或很难有结果时（如请教对方一个难度较大的问题时，先将问题告知对方）。

（4）书面沟通

“书面沟通”是一种比较正式的沟通方式，用在一些正式的场合。如下的几种情境宜采用书面的沟通方式进行。

- 向对方发布重要文件时。
- 需要对方签字认可时。

- 对多次犯同一错误的团队成员提出正式警告时。

需要特别注意的是，在 E-mail 来回多次而问题尚未得到解决甚至引起了误解时，一定要及时终止 E-mail 这种沟通方式，改用电话沟通或当面沟通的方式进行。

需要特别指出的是，个体之间沟通时，尽量多采用当面沟通的方式进行。“能当面沟通的，就不要采用电话沟通；能电话沟通的，就不要采用 E-mail 沟通”，这是个体沟通方式的基本选用原则。

本节内容精要

- ◆ 张成功实践并总结了团体沟通 3 种常用的沟通方式：会议沟通、E-mail（邮件）沟通和书面沟通。
- ◆ 张成功实践并总结了个体沟通四种常用的沟通方式：当面沟通、电话沟通、E-mail（邮件）沟通和书面沟通。

人际沟通中的冲突处理

有人的地方就会有冲突出现，这是避免不了的问题。张成功心里也明白，冲突只要解决得适当，往往对项目是有利的；但如果拿捏得不好，则往往会给工作带来重大影响。

还记得有一次，张成功项目组中两名技术人员为了技术方案的选型问题发生了冲突，张成功没有意识到冲突的本质原因，而武断地采用了其中一位技术人员的解决方案，导致另一位技术人员因此而愤然离职。张成功为此痛定思痛，他翻阅了很多有关人际冲突处理的文章，并在实际工作中尝试应用，收到了不错的效果（冲突处理模型见图 9-1）。

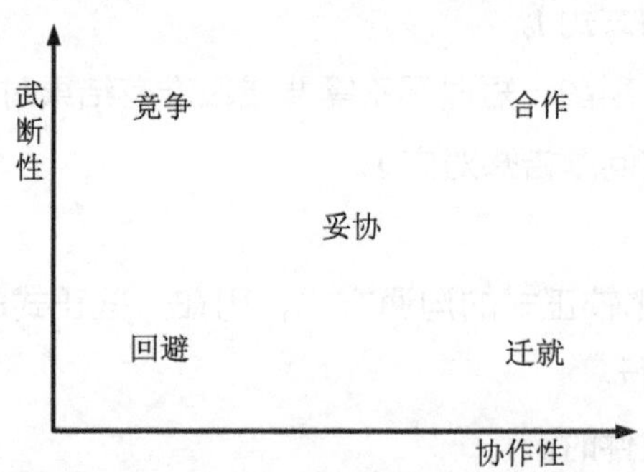

图 9-1 冲突处理模型

张成功把学到的冲突处理的五种策略（五种策略分别指竞争、合作、妥协、回避和迁就），在项目中加以应用，并提炼和总结出了五种冲突处理策略的适用场合（见表 9-1）。

表 9-1　人际冲突处理策略表

冲突处理策略	内涵	适用场合
竞争策略	竞争策略属于明显的武断类型，它以权力为中心，为实现自己的主张，可以动用一切权力；它往往以牺牲别人的利益换取自己或团队的利益	（1）当快速决策非常重要时，例如出现了紧急情况需要立即处理 （2）执行重要但又不受欢迎的行动或计划时，例如执行考勤制度（前提条件是：这些行动或计划必须是合理的） （3）对团队是重要的事情，项目经理深知这种做法是对的
合作策略	合作策略是主动与对方一起寻求问题的解决方案，互惠互利，双方的意图是澄清差异并找到问题的解决办法，而不是迁就不同的观点，双方都不需要做出让步	（1）需要解决问题的不同层面 （2）需要平衡双方的利益 （3）取长补短，需要借助他人的资源或能力 （4）弥补项目经理自身的不足 （5）解决长期悬而未决的问题
妥协策略	妥协策略是双方都作出一点让步，都愿意放弃自己的一部分观点或利益，寻求问题的折中处理结果，目的在于得到双方都可以接受的方案	（1）寻找复杂问题的暂时性解决方案 （2）为了平衡冲突双方彼此的心态和可接受程度
回避策略	回避策略实际上是一种逃避策略，即对冲突不理睬	（1）当事情不太重要时 （2）当他人能更有效地解决冲突时 （3）面对冲突带来的损失会大于解决冲突带来的利益时 （4）获取更多信息比立即决策更有价值时
迁就策略	迁就策略是指愿意把对方的利益放在自己的利益之上，愿意放弃自己的观点或做法而同意或接受对方的观点或做法	（1）不值得冒险去破坏关系或造成普遍的不和谐 （2）当你认为自己错了 （3）当事情对他人更重要些时 （4）目的是帮助项目成员进步，允许他们从错误中吸取教训 （5）为将来重要的事情进行感情投资

本节内容精要

- 张成功错误地处理了项目中出现的冲突问题。
- 张成功在项目中应用并总结出了5种冲突处理策略的适用场合。

有效沟通的6个注意要点

张成功通过这个项目的运作，悟到了有效沟通的6个注意要点。

有效沟通的6个注意要点：

（1）永远不要认为沟通是多余的

多沟通总是对的，永远不要认为沟通是多余的。我们常常错误地以为对方应该知道，因而忽视沟通，这时当对方的行动没有达到我们的预期时，我们会不自觉地怀疑对方是故意不配合我们的工作；其实在大部分情况之下，我们是错怪了对方。因为如果我们没有通过沟通确认对方明白我们的意思，则对方可能确实不明白或不知道。

（2）在尊重对方的基础上沟通

不管我们的职位有多高，我们在和对方沟通时，一定要尊重对方的人格，在平等的位置上去和对方沟通，这样对方才会发自内心地与我们沟通，此时沟通才可能有效。

（3）采用对方的语言和对方沟通

很多人认为“对牛弹琴”没能达到沟通效果是“牛”的问题，其实不然。“对牛弹琴”没有达到沟通效果其实是“人”的问题；因为既然牛听不懂琴声，作为“人”，就应该弹牛能听得懂的乐器！

（4）采用合适的表达方式

我们常常很郁闷，也很无奈和苦恼：“为什么我把我的心挖给他（她）吃，他（她）还嫌我的胆苦？”其实，这是因为我们在和别人沟通时，没有采用合适的表达方式。我们对对方提出的的建议和意见，也许确实是为了帮助别人，但如果我们说出的话对方不爱听，表达的方式对方接受不了，那再好的意见和建议也是徒劳。

（5）善于站在对方的立场和对方沟通

张成功在项目建设过程中，曾发生过这样一件事情：一天上午十一点多钟，项目建设方项目经理郝横枋打电话给张成功，说厅领导有一紧急需求需要尽快响应；下午两点钟张成功和董胥俅一起打车来到甲方现场进行了需求调研，发现原来是厅领导需要马上开发一个流程审批的模块。需求调研完成后，张成功回到公司按“需求变更控制流程”完成了相关变更评估和审批手续后，安排设计和开发工程师连夜加班到第二天凌晨一点多钟，模块终于开发出来了。第二天早晨九点，张成功带着已经开发出来的功能模块，和开发经理习开花一起来到项目建设方现场进行功能演示，项目建设方将要使用这个功能模块的工作人员看完演示后，对张成功说：“张经理，感谢您急我们之所急，这么快就给我们开发出来了这个功能模块，您看能否根据我们的业务实际情况，将目前这个流程审批模块的操作步骤由现在的六个步骤精简为四个步骤？”张成功一听，有些不快，心里在自言自语地嘀咕：“他怎么这样啊，这么不体谅我们呀，是不是故意刁难我们呀，六个步骤和四个步骤没什么区别呀，不就是多点两次鼠标而已嘛？”项目建设方这位工作人员也比较善于察言观色，他马上解释说：“张经理，其实是这样的。你们只是编写这个模块的程序，从编写程序，到这个模块通过测试满足我们的业务需求，可能只需要执行一二十次本功能模块而已，所以很难感受到四个步骤和六个步骤之间有多大差异；而我们是要用这个模块来办理业务，我们每天都要用这个模块几十次，如果在不影响我们业务办理的情况之下，能够缩减掉两个步骤，那这样每笔业务就将节省我们三分之一的工作时间，这样下来，一天、一个星期、一个月、一年将要节省我们很多工作时间啊。”张成功听到这里，心里豁然开朗：如果自己是这位工作人员的话，也会提出如此的改进要求啊；看来，站在对方的立场和对方沟通真的是非常重要的。

（6）善于倾听

上帝给我们两只耳朵一张嘴，就是要我们多听少说。善于倾听，不仅是对对方的尊重，也有利于我们更全面和正确地把握对方的立场和观点。

本节内容精要

◆ 张成功实践并总结了有效沟通的6个注意要点。

（1）永远不要认为沟通是多余的。

（2）在尊重对方的基础上沟通。

（3）采用对方的语言和对方沟通。

（4）采用合适的表达方式。

（5）善于站在对方的立场和对方沟通。

（6）善于倾听。

有效沟通的 6 个实战技巧

另外，张成功通过这个项目的运作，也悟到了有效沟通的 6 个实战技巧。

有效沟通的 6 个实战技巧。

（1）从对方感兴趣的话题入手

人总是愿意聊自己最感兴趣的话题，如果我们能够“投其所好”，那势必更容易打开对方的“话闸”，这样就为有效沟通打开了通道。

（2）从认同对方的观点入手

认同对方才能更好地成就自己，这是沟通中的大智慧。认同对方，当然并不是要我们去完全赞同对方的观点，而是要我们去认同对方的出发点或对方观点的某些层面，这样可以减少对方的抵触情绪，从形式上缩小双方的观点差异，从而为更好地向对方阐释我们的观点并引导对方理解我们的观点创造有利条件。

（3）从理解对方的立场入手

“能设身处地为他人着想，了解别人心里想些什么的人，永远不用担心自己的未来”。理解对方的立场，就表明在某种程度上和对方站在了同一边而不是对立面，这样无形之中就扫清了很多的沟通障碍。

（4）从关心对方的角度入手

“爱出者爱返，福往者福来”，人换人心，我们关心别人，别人自然就会关心我们。等别人关心我们了，那沟通自然就会顺畅很多。

（5）从同情对方的处境入手

能和对方一起“感同身受”他（她）所遇到的困难、问题和痛苦，对方就会容易和我们交心并成为朋友，关系走近了，沟通也就容易些了。

（6）从真诚赞美对方入手

人都是喜欢听好话的，如果我们发现对方一些值得欣赏的方面，并真诚地加以赞美，这样就容易赢得对方对我们的好感。好感建立起来了，沟通也就不再难。

本节内容精要

◆ 张成功实践并总结了有效沟通的 6 个实战技巧。

（1）从对方感兴趣的话题入手。

（2）从认同对方的观点入手。

（3）从理解对方的立场入手。

（4）从关心对方的角度入手。

（5）从同情对方的处境入手。

（6）从真诚赞美对方入手。

人际沟通中的自我反思

有一个模型，张成功一直铭记于心，这个模型就是他参加入职培训时，公司人力资源部经理赵和谐和自己分享过的“沟通漏斗”（见图 9-2）。

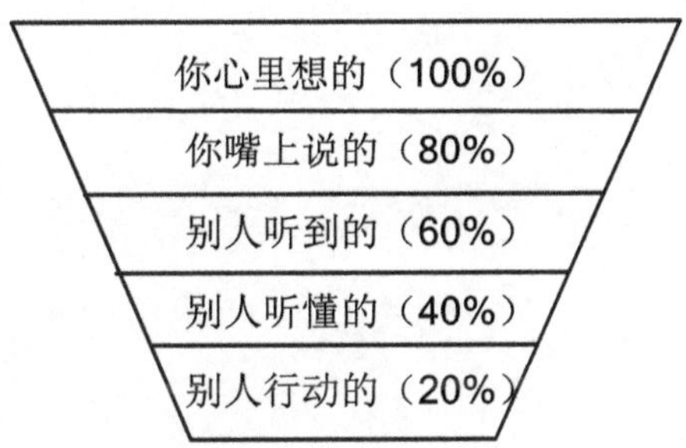

图 9-2 沟通漏斗模型

那时候由于刚参加工作，张成功对这个模型理解得并不深刻，经过 5 年多时间，特别是通过最近自己负责的这个项目的历练，张成功对这个模型的体会明显加深了，他发现之所以会出现“沟通漏斗”，很大程度上是我们自己的原因，而不是对方的原因，以下是张成功的反思。

（1）心里所想到的到嘴上说出来的有损耗的原因是：自己没有把要表达的内容记录下来，结果和别人沟通时，忘记了一部分原本需要表达的信息。

（2）嘴上说出来的到别人听到的有损耗的原因是：沟通环境存在较大的干扰，由于噪音干扰，别人很难全部听清我们所表达的内容。

（3）别人听到的到别人听懂的有损耗的原因是：（A）我们没有采用对方能听懂的语言来编码我们所需要表达的信息；（B）我们没有利用反馈验证别人是否真听懂了。

（4）别人听懂的到别人行动的有损耗的原因是：（A）别人虽然听懂了，但别人不会做，我们缺乏对他们的培养和辅导;(B)我们缺乏对他人工作的检查和监督。

我们的眼睛，看外界太多，看自己的心灵太少。孔子曰:“吾日三省吾身。”[1]反求诸己、涤心修身，多用审视的眼光去观照自我，少用审视的眼光去苛责他人，是成就自我的最佳方法。我们的优点在自己的眼前，别人的优点在我们的背后。记得一位伟人说过:一个人到了自我反思的时候，他将步入一个伟大的起点。张成功认为这句话说得太有道理了。

本节内容精要

◆ 张成功，深刻地反思了作为管理者在沟通中存在的问题。

1 出自《论语・学而》。这句话的意思是：我每天多次反省自己。

第十章

在总结中成长

张成功一个最大的特点就是善于总结，善于反思。他曾在自己的微博中写道：

人生旅途中，我们不要总是眼朝前方，适当回首看看自己已行之路，有利于我们更清楚地看到未来的样子；人生旅途中，我们不要总是抬头看天，适当低头看地，才能更好地感知天空的样子。

这不，他在国内某省全省大集中电子政务行政办公系统建设项目庆功宴结束之后，又专门安排了一个星期的时间进行总结和反思，并写就了如下十篇有关项目经理“软技能”提升的总结性博文。

管理工作对人的性格要求

作为管理者需要有怎样的性格特点，才能更有利于管理工作呢？张成功总结了 5 个方面。

（1）乐于与人交往。

与人交往是管理者岗位职能的当然要求，因此管理者必须乐于与人交往。

有些技术能力很强的骨干员工，被领导提拔为管理者，但由于他们不喜欢和人交往，仍然像以前一样成天埋头自己的工作，最后公司不得不把他们调离管理岗位。

一般来说，性格外向的人比较喜欢与人交往，但并不是说性格内向的人就不能成为优秀的管理者。只要性格内向的管理者意识到与人交往是管理者必修的功课并有意识地去主动克服它，就不会对管理工作带来障碍。有些管理者，性格虽然比较内向，平时话语也不多，但只要工作上有需要，他（她）们就会与人进行积极的沟通和交往。

作为管理者，我们只有乐于与人交往，才能慢慢变得善于与人交往；善于与人交往这种品质会在很大程度上推进自己的管理事业。

（2）能容纳不同观点。

“海纳百川，有容乃大”。

作为管理者，需要有能容纳不同观点的肚量。

管理者只有容纳不同的观点，下属才会“无所顾忌”地表达自己的想法和贡献自己的智慧，这样管理者才更容易得到最真实的信息和最佳的事务处理方案。

有些管理者，只喜欢听与自己意见一致的建议或对自己的褒扬，听到与自己意见相左或对自己否定的评价就坚决抵制，甚至因此“报复”，这是非常有害的。

有些管理者，能力虽然不错，但喜欢我行我素、固执己见。这样的管理者，下属一般会对他们“敬而远之”；下属不愿意和他们多交流，更谈不上贡献自己的想法或主意了。显而易见，这样的管理者不可能创造出辉煌的管理绩效。

（3）对人宽容。

“宽容是为人的美德，更是管理者所需要具备的美德”。

人无完人，每一个人都有缺点和不足。

作为下属，他们的综合能力一般都会低于自己的上司（否则他们就当上司了）。如果自己是一位要求近乎苛刻的上司，就不妨设身处地地站在下属的角度想想（如当下属的工作不尽人意时，想想自己几年前可能还达不到下属目前的水平），这样就更容易为自己找到宽容下属的理由了。

“宽容下属”其实是一种高回报的“投资”举措。下属会因为上司的滴水之恩而涌泉相报。这样的上司，想绩效不好都难。

管理者需要宽容自己的下属，“眼睛里容不得半点沙子”的上司是一定不会赢得下属的“芳心”的，也一定不会有奇迹般的管理绩效。

（4）处事冷静。

冲动是魔鬼，退一步海阔天空。管理者需要有冷静的性格特征。

凡事不假思索，就采用过激的方式表达个人意愿或行动的人（不管是在自己上司面前还是在自己的下属面前），很难得到下属的认可和上司的赏识。

需要强调的是：遇事冷静与优柔寡断是两种截然不同的处事方法。处事冷静的人会为事情寻找一个合适的处理方案，并得到最佳的处理结果；优柔寡断的人只会贻误事情的合适处理时机，而导致不良后果。

（5）多考虑他人的感受。

管理者需要经常站在不同的角度去体会别人的感受。

一切只从自己利益（不管是个人利益，还是自己所管理的团队利益）出发的管理者，都不是明智的管理者。

作为管理者，既需要体会下属的感受，也需要体会上司的感受。在与下属交往时，应该善于站在下属的位置去感同身受；在与上司交往时，应该尽量站在上司的角度去体谅和理解。

本节内容精要

◆ 张成功实践并总结了作为管理者最需要具备的5个性格特点。

（1）乐于与人交往。

（2）能容纳不同观点。

（3）对人宽容。

（4）处事冷静。

（5）多考虑他人的感受。

影响项目经理成功的4种心态

还记得李全才给自己讲过“心态比理念更重要”，张成功认为的确如此。一念之差决定成败，永远要做心态的骑手。张成功认为，以下4种心态，对项目经理而言非常重要。

（1）积极进取的心态。

项目经理必须保持谦恭敬畏的积极心态来面对生活，面对工作。对于一个项目管理人员来说，如何正确地看待问题，如何用积极的心态来面对问题至关重要。

项目经理是项目团队的领导，积极的心态不但影响着自己，也影响着整个项目团队。项目经理需要培养自己的 3 个坚持：即坚持没有任何借口，坚持没有不可能，坚持没有做不到。唯有如是，项目团队才会受项目经理的影响而成功，项目经理也才会有比别人更多的成功机会。

“墨菲法则”中如是说：“你最不希望发生的事情，往往不但会发生，而且会出现最严重的后果。”但如果用正面、积极的心态去看待它，则“墨菲法则”也可以这样理解：“你认为最不可能做好的事情，只要你努力，就很可能一定会做好。”

一根稻草可以压倒一个人，也可以拯救一个人，关键在于我们用怎样的心态、怎样的行动去对待它。

（2）谦虚好学的心态。

能担任项目经理，一般来说，都有优于项目其他成员的过人之处，但项目经理绝对不能把这些过人之处当作“领导”的资本，而只能将它作为工作的必要基础。唯有谦虚并不断学习，才能取得更大的进步和成功。

现在，全社会都在倡导“终生学习”。作为从事高科技工作的软件项目经理，更应该不断吸收日新月异的知识，多向自己的领导学习，多向自己的同事学习，多向自己的下属学习，多向客户学习，从而使自己具有更强的工作技能，否则项目经理很快就会成为一个跟不上时代步伐的“无用之人”。

（3）正确看待“完美”的心态。

人不可能完美，且不必完美。

作为项目经理，需要培养自己正确的“完美观”，不要事事“吹毛求疵”，但也切忌养成“差不多就行”的工作作风。

完美的标准是什么？完美的标准，应该是：

“每天进步一点点就是完美”，“比别人多做好一点点就是完美”，“项目完成得比客户想象的好一点点就是完美”。

（4）正确面对“失败”的心态。

犯错误不可怕，可怕的是我们面对错误的意识和态度不够端正；可怕的是我们不会从错误中去汲取教训；可怕的是我们会不断地犯一些重复的错误。

俗话说“失败是成功之母”，但不要想当然地认为失败是很正常的事情。我们更应该坚信：“成功更应是成功之母。”

本节内容精要

◆ 张成功实践并总结了影响项目经理成功的四种心态。

（1）积极进取的心态。

（2）谦虚好学的心态。

（3）正确看待“完美”的心态。

（4）正确面对“失败”的心态。

项目经理应该重点履行的 5 项职能

张成功认为，项目经理应该重点履行好如下 5 项职能。

（1）计划。

“计划”是一切行动的开始，因此是项目经理的首要职能。这其中既包括了对项目事务的计划，也包括项目经理自身的工作计划。

有些项目经理不愿意做计划，张成功认为这些项目经理并非一定是缺乏做计划的能力，更多情况是由于这些项目经理缺乏这方面的意识和对计划重要程度的理解。

因此，要提高做计划的能力，首先要解决认识问题；思想决定行动，只有认为事情值得做，我们才会有动力去学习并努力把事情做好。

解决了认识问题，我们做计划时就会心情舒畅很多，通过学习和运用计划的方法和工具，经过多次实践，计划的能力就一定会变得很强，我们也就可以真正体会到计划给我们的工作带来的意义和价值。

（2）组织。

我们知道，项目经理主要的角色是一个管理者，因此，“组织”便是项目经理的主要职能。在项目的建设过程中，涉及到“人力”“物资”“资金”“信息”和“技术”等管理资源，如何让这些管理资源协同为项目的目标服务，这需要项目经理去有效地“排列组合”才能实现。

组织能力的提升不是一朝一夕的，需要花时间去锻炼。项目经理首先要培养自己的分析能力，只有对事务能进行充分、正确的分析，项目经理才有可能根据各种不同的情况实现正确的“排列组合”，即有效组织项目内外的各种资源，否则组织的结果就很可能导致失误或无效率。

（3）领导。

一个项目就好比一艘航船，那么项目经理就是“指引航向”的舵手。“航向”一旦错误，则结果必然失败；因此，“领导”是项目经理的重要职能。

项目经理要为项目和项目团队成员“指引方向”，那么如何才能指引正确的“方向”，这就需要项目经理提高领导能力。要提高领导能力，首先要解决“思”的问题，即学会“思考”。一个不会思考或不屑思考的人，很难培养出自己“站得更高，看得更远”的领导能力。据此，项目经理每天安排出一定的时间来思考问题，是非常必要，也是非常值得的。这样做，会让项目经理思路更开阔，所做出的决策或规划会更完美、更正确。

（4）协调。

项目的建设过程，实际上就是各方面需求实现和关系平衡的过程，在这些过程中，项目经理无疑是桥梁和纽带。因此，“协调和沟通”应该是项目经理当仁不让的职能，也是项目经理应该投入精力最多的工作。

如何提高协调和沟通能力？提高自己为人处事的素质和表达能力是先导。个人素质提高了，别人就会乐意和你合作；表达能力提高了，就会让问题更容易被沟通清楚。

当然，协调和沟通虽然有很多方法可循，但也需要讲究一定的技巧。能做到科学性与艺术性的融合，是项目管理者应该不断追求的境界。

（5）控制。

在项目的建设过程中，由于各种因素的影响，项目很难按既定的计划或要求执行，为了避免和减小问题或差异的出现，项目经理需要不断“监控”项目并采取适当的纠正措施。因此，“控制”是项目经理必不可少的职能。

一个成熟的、负责任的项目经理，一定会时时不忘对项目各方面的监控。因为如果不能对项目各方面的情况了如指掌，并加以跟踪和控制，项目必然因失控而失败。

要想提高“控制”能力，项目经理需要成为一个“有心”的人。因为一个“有心”的人，善于努力去了解情况和发现问题，也往往会主动去关注细节和防患于未然。

本节内容精要

◆ 张成功实践并总结了项目经理应该重点履行的 5 项职能。

（1）计划。

（2）组织。

（3）领导。

（4）协调。

（5）控制。

优秀项目经理应该具备的6个习惯

张成功认为，优秀项目经理应该具备如下6个习惯。

（1）目标导向。

我们不管做任何事情都需要有清晰的目标，没有目标就没有航向，这其实是很浅显的道理。唯有以目标导向，项目才更容易成功。然而，我们有些项目经理在做项目时，会不自觉地出现脱离项目目标的现象，甚至有些项目经理根本就没有弄清楚项目的具体目标。

为了弄清项目目标，我们在项目的启动阶段，需要认真分析“项目合同”“项目章程”“项目工作说明书”“招标投标书”等文件，提炼出项目的真正目标，并随时关注目标可能发生的变化，始终围绕目标开展工作。

（2）全局思维。

我们知道，项目的范围、进度、成本始终是项目的三重约束。如何在保证质量的前提下，较好地实现项目的范围、进度和成本这三大目标，是项目经理需要面对的一大挑战。因此这就需要项目经理具有全局的观念，学会全面分析项目，在采取行动或进行决策时不要顾此失彼。

当然，每个项目在范围、进度、成本这三大目标上都有不同的侧重，如何去平衡这三大目标并适当作出取舍，需要我们根据具体情况进行具体分析。

（3）计划优先。

“万事始于计划”，计划对于项目活动尤为重要，因为项目具有太多的不确定因素，没有计划将会导致整个团队束手无策。

项目管理的五大过程组（启动、规划、执行、监控和收尾）共包括47个过程，其中规划过程组就占了24个过程（超过了总过程数的一半），足见计划的重要性。孔子曰：“临事而惧，好谋而成。[1]”有些项目经理以“计划没有变化快”为借口而忽视甚至放弃做项

[1] 出自《论语·述而》。这句话的意思是：遇事小心谨慎，善于谋划才能完成任务。

目计划，实际上是极其错误的行为。

（4）关注重点。

每个项目都有一条或多条关键路径，关键路径上的活动就一定是需要我们重点关注的工作（当然，非关键路径上的某些活动可能也是重点关注的对象），因为关键路径上的小小延误，对项目的影响可能都是巨大的，甚至是致命的。因此，项目经理需要养成“关注重点”的习惯，千万不要“眉毛胡子一把抓”或“捡了芝麻丢了西瓜”。

（5）客户至上。

“客户是使项目价值得以体现的主体”。项目经理始终需要“心怀客户”，因为我们的项目只有得到了客户的认可，项目才能称得上是真正的成功。项目经理在领导项目建设时，心中千万不要只有自我的利益，而对客户提出的期望或要求不关心甚至不理睬，这种做法注定是要使整个项目失败的。《项目管理知识体系指南》明确指出在处理项目冲突时需要采用有利于客户的原则，足以表明“客户至上”的重要性。

需用澄清的是，“客户至上”是需要我们从思想和行动上重视客户的利益和需求，但并不是说客户的任何要求我们都要去满足；用户的有些需求，我们完全可以从项目的全局出发，采用有理、有利、有节的原则来分析、响应和处理。

（6）注重团队。

“人是项目绩效的源泉”，项目经理需要注重人力资源的管理，注重项目团队的建设。

在项目团队的建设过程中，项目经理可以利用“作战室”之类的办公环境来营造一种积极、紧张的工作氛围。实践证明，团队成员的集中办公有利于培养团队的集体荣誉感和团队精神，增强团队的整体战斗力。另外，适当的团队活动也是非常必要的，因为合适的团队活动是团队成员疲惫的“轻松剂”、误解冰释的良方。此外，项目经理需要在富有激励作用的认可和奖励制度上下工夫，平时多花一些时间和团队成员沟通和谈心。需要特别指出的是，在项目团队的建设过程中，项目经理需要多关注人，多关注细节。

本节内容精要

◆ 张成功实践并总结了优秀项目经理应该具备的六个习惯。

（1）目标导向。

（2）全局思维。

（3）计划优先。

（4）关注重点。

（5）客户至上。

（6）注重团队。

项目经理所需要具备的素质

张成功认为，项目经理需要具备如下素质。

（1）有健康的心态和体格。

（2）意志坚强，敢于承担压力。

（3）说服和影响别人，善于同他人合作。

（4）善于把人力、物力和财力合理地组织起来。

（5）高瞻远瞩，善于预测未来，正确决策。

（6）善于授权，充分发挥下级人员的作用。

（7）善于随机应变，适应各种复杂的局势。

（8）对人对事敏感，勇于创新，敢于革新。

（9）不怕风险，敢于对风险承担责任。

（10）有民主作风，不专横武断，能容忍和采纳不同的意见。

（11）品德高尚，以身作则。

（12）凡事能站高一点，看远一点。

（13）能看清眼前的，也能关注背后的。

（14）能以团队利益为重，以公司和客户利益为重。

（15）失败时，不会怨天尤人，而会反躬自省；成功时，不会迷失方向，而会静下心来迎接下一个挑战。

本节内容精要

◆ 张成功实践并总结了项目经理需要具备的 15 项基本素质。

出色管理者的十大思想和行为特征

张成功认为，出色管理者需要具备如下十大思想和行为特征。

（1）处事冷静，但不优柔寡断。

出色管理者都具有处事冷静的特点，他们善于考虑事情的多个方面或问题涉及的各利害关系方，不易冲动行事。

优秀管理者虽然处事冷静，但并不优柔寡断，他们往往会在周密思考后，果断作出决定或清晰地阐明自己的观点。

具有这种特征的管理者往往能使事情或问题得到比较妥当的处理，同时又有利于形成良好的人际关系。

（2）做事认真，但不事事追求“完美”。

出色管理者深知经商和科研不一样。科研侧重追求的是严谨、精益求精；经商侧重追求的是效益、投入产出比。

出色管理者做事非常认真仔细，但他们同时也非常懂得什么事情需要追求“完美”（尽善尽美），什么事情“差不多就行”（达到基本标准）。

具有这种特征的管理者往往能把事情“做对”，并且比一般人更容易创造出价值。

（3）关注细节，但不拘泥于小节。

出色管理者善于关注事情的细节，善于留意观察身边的人和事。他们善于抓住问题的要害，善于将问题扼杀在“萌芽状态”。

出色管理者虽然善于关注细节，但他们不会过分拘泥于小节，不会在意别人的一点小过错或小过失。

具有这种特征的管理者往往能大幅度减少问题的发生，日常管理工作也会井然有序。

（4）协商安排工作，绝少发号施令。

管理者不是发号施令的“监工”。一个能让下属主动追随的管理者，依赖的是他（她）的个人魅力和领导力，而不是他（她）手中的权力。

出色的管理者绝少对下属发号施令，他们往往采用和下属商量的方式布置和安排工作任务。

具有这种特征的管理者往往能让下属真正“心甘情愿”地完成好被安排的工作任务，

这样的管理者也往往能营造出和谐团结的团队氛围。

（5）关爱下属，懂得惜才爱才。

出色管理者善于尊重和关爱下属，他们往往视同事如“兄弟姐妹”，懂得怎样去珍惜和爱护与自己朝夕相处、共同拼搏的“战友”。

具有这样特征的管理者往往会让下属有一种“如家”的感觉，无形中也让大家更积极、更主动、更无怨无悔地付出。

（6）对人宽容，甘于忍让。

出色管理者胸怀宽广，对人宽容、甘于忍让，他们善于将心比心，善于考虑别人的难处和利益，善于“挖起荆棘并种下玫瑰”。

具有这种特征的管理者往往易于形成良好的人际关系，而且往往能在需要时，得到别人最真诚的支持和帮助。

（7）严以律己，以行动服人。

出色管理者不会让自己独立于各种规章制度之外，他们往往身体力行、为人表率，用自己的实际行动来影响和带动身边的人。

具有这种特征的管理者往往“己身正，不令而行”。

（8）为人正直，表里如一。

出色管理者为人正直、表里如一。他们往往对人一视同仁、处事公平公正；没有暗箱操作；也不会当面“抹蜜糖”，背后“捅刀子”。

具有这种特征的管理者往往使人有“安全感”，并能得到别人充分的信任。

（9）谦虚谨慎，善于学习。

出色管理者不会把自己已有的知识和技能作为管理的资本。他们往往谦虚谨慎，乐于向自己的上司、同事和下属等学习。

具有这种特征的管理者往往具有比较强的能力，并且能够使自己的能力得到持续的提高。

（10）不满足于现状，但不脱离现实。

出色的管理者不满足于当前的业绩，他们都有比较高远的目标和追求。他们不满足于现状，但决不会脱离现实，他们总是一步一个脚印，为更高更远的目标而奋斗。他们非常清楚自己的将来会是怎样，以及怎样做才能实现他们想象中的将来。

具有这样特征的管理者往往具有充沛的工作激情，并有持之以恒的工作动力。

本节内容精要

◆ 张成功实践并总结了出色管理者需要具备的十大思想和行为特征。

（1）处事冷静，但不优柔寡断。

（2）做事认真，但不事事求“完美”。

（3）关注细节，但不拘泥于小节。

（4）协商安排工作，绝少发号施令。

（5）关爱下属，懂得惜才爱才。

（6）对人宽容，甘于忍让。

（7）严以律己，以行动服人。

（8）为人正直，表里如一。

（9）谦虚谨慎，善于学习。

（10）不满足于现状，但不脱离现实。

管理者为人处世的“四化”和“三坚持”

张成功认为，管理者在为人处世方面，需要做到“四化”和“三坚持”。

管理者处事理念的“四化”。

（1）简单化。

所谓“简单化”，就是要将复杂问题简单化。

“优秀的东西往往都是简单的”，管理的核心要领是：尽量将复杂问题简单化，让下属易明白、易理解。

其实，世上本没有复杂的问题，是因为人的存在，而人为地将简单问题复杂化了。

有些管理者，为了显示自己管理水平的“高深莫测”，故意将简单的问题通过复杂的“加工”，再传达给自己的下属，让下属听后一头雾水。他们往往借助这种方式来炫耀自己对问题的“深刻认识”。其实这种做法于事没有任何好处，甚至是非常有害的。

管理者需要牢记：能通过简单步骤就能表达清楚的问题，一定不要弄成长篇累牍的方案，否则不但害了团队，也害了自己。

（2）具体化。

所谓“具体化”，就是要将工作目标具体化，并清晰地表达出来。

我们知道管理者是要为下属"指引方向"的,而目标是管理的基础,是一切工作的根基,如果目标不清则势必方向不明。

明确、具体的工作目标是无歧义地传达管理者意图的基础。有些管理者制定目标时,往往泛泛而谈没有重点,不能给下属一个明确的奋斗"航向",从而导致团队目标最终无法实现。

现实工作中,有相当一部分团队,团队中的成员对目标的理解与他们"头儿"所讲的不是一回事,这固然与沟通是否到位有关,但也与工作目标是否清晰具体有关。而更可怕的是,这些"头儿"却想当然认为他们的下属完全明白了他们的意图。

因此,我们在制定工作目标时,要切记:目标一定要具体、清晰。另外,目标不能过多,太多目标就等于没有目标。

(3)客观化。

所谓"客观化",就是要将绩效评价客观化。

下属都期望上司对自己客观地评价,但由于种种原因,管理者大都喜欢采取主观的评价方法。

其实,在上司对下属的评价过程中,主观因素肯定是存在的,但我们应尽可能减少这些因素,能采用客观标准评价的指标,就一定要拿出客观的数据或证据。这样一方面会让下属越来越信任上司,另一方面也可以有效地杜绝个别下属"投机钻营"的现象。

拿事实说话,是绝大部分下属(个别除外)所拥护和期望的,这种做法也是避免下属对上司产生不满、怀疑的有效手段。

(4)量化。

所谓"量化",就是要将工作任务定量化,将绩效指标定量化。

工作任务一旦量化,则会让下属更加明白管理者对该任务的期望(包括完成时间、完成质量等),从而也更容易促使下属正确无误地达成管理者的期望。

另外,在制定绩效考核指标时,能定量的就尽量定量(哪怕不十分准确)。因为,定量的指标比定性的标准更容易把握也更容易验证,因而更容易"服人"。

管理者处事理念的"三坚持"

(1)坚持规范的处事风格。

管理者是团队成员的表率,管理者的处事风格,直接影响着下属的处事风格和下属对上司的信任程度。

所谓“规范的处事风格”，是指管理者按既定的方针政策不折不扣的开展工作，哪怕是原定的方案不尽合理，也不要随意变更或终止。

工作的过程中，我们遇到过一些管理者，由于任务紧或其他原因（这往往是他们的借口），在没有得到其上司批准时就自行随意放弃一些本该执行的制度和政策，这是非常不可取的。因为这样做一方面让下属没有安全感和信任感，另一方面也是“无组织纪律”的表现。

（2）坚持公平公正的道德标准。

管理者很重要的一个素养是一视同仁。管理者需要坚持公平公正的道德标准。

有些管理者有个人偏好，凡是与自己“志同道合”的同事则倍加青睐，凡是与自己“意见相左”的同事（当然不排除个别有意捣乱的）则有意排挤或给其“穿小鞋”，这种做法将会导致同事只会随声附和（更严重的是，一些优秀的人才将会被迫离开团队），因而对团队建设有百害而无一利。

（3）坚持“严以律己、宽以待人”的为人风范。

有些管理者，总喜欢居高临下，要求自己的下属“按章办事”，但自己却游离在这些规章制度之外。

要求下属需要做到的，上司一定要以身作则带头做好。管理者需要严格要求自己，特别是要严格要求自己的行为规范，让下属感受到，和这样的上司在一起，有希望有奔头。

另外，管理者需要以宽容的胸怀对待自己的下属，让他们感受到管理者既是他们的领导，更是他们朋友。这样的上司，才能真正成为一个有凝聚力、有魅力的上司。

本节内容精要

- 张成功认为，管理者在为人处世方面，需要做到“四化”和“三坚持”。
  - 四化：简单化、具体化、客观化、量化。
  - 三坚持：坚持规范的处事风格，坚持公平公正的道德标准，坚持“严以律己、宽以待人”的为人风范。

管理者如何表扬和批评下属

人人都爱听好话，这是事实；但并不是所有好话都能产生好效果，这也是事实。张成功认为，管理者需要注意践行“有效表扬”的八大原则。

（1）对事不对人的原则。

所谓“对事不对人”，是指管理者在表扬下属时，只表扬下属在该件事上做得不错，尽量不要去评价他整个人不错，因为人不可能十全十美，兴许他下次就会犯错误。

（2）恰当性原则。

管理者在表扬下属时应该注意只表扬该表扬的事，不要因为某人在某件事情上做得不错，就“以偏概全”地表扬他所有事情都做得好。否则很容易让下属失去对自己中肯的认识和评价。

（3）表扬与勉励相结合的原则。

上司给予下属的表扬，一定是因为下属在某件事或某个方面做得好，而不是方方面面都做得好。为了不至于让下属听到表扬后“飘飘然”，上司在结束表扬后，需要适当勉励下属再接再厉，争取更大的进步。

（4）恰如其分的原则。

表扬要适度，不要言过其实，“过犹不及”，过度的表扬会让下属产生疑惑或误解。

（5）不以伤害他人为代价的原则

管理者在表扬下属时，一定不要以贬低其他同事的方式来赞扬当事人，这样往往会让下属怀疑上司的人品，不利于以后的工作开展。

（6）及时性原则。

表扬要及时。如果等事情过了很长时间再表扬，很可能达不到表扬应该起到的激励作用。

（7）具体性的原则。

表扬一定要具体，切忌毫无主题，这样会给受表扬的下属带来“一头雾水”的感觉（因为下属可能根本就不知道他究竟在哪一方面做得好，而应该得到表扬）。

（8）发自内心的原则。

不要为了表扬而表扬，表扬应该发自管理者的内心。如果下属感觉到管理者不是真心表扬，很可能会让下属产生反感心理，甚至会让下属认为管理者是虚伪的。

张成功认为管理者可以遵循如下表扬员工的一般步骤：

（1）明确指出，他们在哪个（或哪些）方面做得不错；

（2）给予恰如其分的表扬（精神或物质奖励）；

（3）指出他们还可以在哪个（或哪些）方面做得更好；

（4）提出你对他们新的或更高的要求；

（5）给予适当鼓励，并告知他们你在等待他们新的佳音。

在管理活动中，需要倡导对下属实施以表扬为主的正面管理方法，但当下属犯错或绩效不尽人意时，给予适当的有效批评也是十分必要的。张成功认为，管理者需要注意践行有效批评的十大原则。

（1）尊重人格的原则。

人都有自尊心，都有被尊重的需要。作为上司，无论何时何地，都需要尊重自己的下属，特别是在批评下属时，更应该如此。

（2）善意的原则。

批评是因为关心，而不是跟下属过不去。作为管理者一定要注意并让下属明白：批评是为了帮助下属改正错误、不断进步，而不是“打击报复”。

（3）及时性原则。

发现问题，及时指出。如果等事情过了很长时间才“秋后算账”，往往达不到批评的功效，甚至产生负面效果。

（4）以事实为依据的原则。

管理者批评下属时，一定要以事实为依据，不能将一些道听途说、捕风捉影的所谓“事实”作为批评下属的依据。

（5）就事论事的原则。

管理者批评下属时，一定要就事论事，切忌“翻旧账”。

（6）对事不对人的原则。

这里所提的“对事不对人”，是指管理者在批评下属时，只能批评下属在某件事上没有做好，而不能批评下属人有问题；否则容易让下属反感而不利于问题的解决。

（7）给下属解释机会的原则。

虽然管理者可能自认为已经清楚地了解了事情的真相，但在批评时还是要认真地倾听下属对事情的解释，这样做一方面有助于管理者了解下属是否已经认识到自己的错误，另一方面也有利于管理者发现一些并不清楚的真相。

（8）适可而止的原则。

当下属已充分认识到自己所犯的错误，并心悦诚服地接受了批评时，管理者需要“适可而止”，应该尽快结束批评。

（9）心平气和的原则。

管理者切忌在批评下属时大发雷霆，这样会让自己在下属面前失去威信，并且给下属造成对他有成见的感觉。管理者需要“晓之以理，动之以情”，平心静气地让下属意识到错误，并能发自内心地接受批评。

（10）区别对待的原则。

所谓“区别对待”，是指管理者需要根据被批评者的性格、所犯错误的严重程度等，采用合适的批评方式。如对性格内向的下属宜采用以鼓励为主的委婉批评方式；对生性固执或自我感觉良好的下属，宜采用直白的批评方式；对犯严重错误或屡教不改的下属可以采用正式甚至是公开的批评方式；对犯轻微或偶然性错误的下属，则可以采用私下沟通、点到为止的方式。

张成功认为管理者可以遵循如下批评员工的一般步骤。

（1）明确地告诉他们，他们错在哪里。

（2）让他们清楚，你对他们的差错有什么看法。

（3）再次告知他们，你对他们的期望是什么。

（4）接着肯定他们是有能力做得更好的，表明你对他们充满信心。

（5）最后给予适当鼓励，并告知他们你非常期待他们的佳绩。

本节内容精要

◆ 张成功实践并总结了“有效表扬”的八大原则。

（1）对事不对人的原则。

（2）恰当性原则。

（3）表扬与勉励相结合的原则。

（4）恰如其分的原则。

（5）不以伤害他人为代价的原则。

（6）及时性原则。

（7）具体性的原则。

（8）发自内心的原则。

◆ 张成功实践并总结了“有效批评”的十大原则。

（1）尊重人格的原则。

（2）善意的原则。

（3）及时性原则。

（4）以事实为依据的原则。

（5）就事论事的原则。

（6）对事不对人的原则。

（7）给下属解释机会的原则。

（8）适可而止的原则。

（9）心平气和的原则。

（10）区别对待的原则。

项目经理如何管理好自己的时间

很多项目经理有这样一个观点：认为自己是管理者，只需要管理好项目组成员的工作和时间就可以了，不需要在管理自己的时间上花工夫，其实这种观点是错误的。因为项目经理自己的时间是更为宝贵的，只有管理好了自己的时间，才有精力和能力去管理好别人的时间。

张成功认为，项目经理可以从以下 5 个方面下工夫，从而实现对自己时间的良好管理。

（1）给自己规划好工作。

项目经理比较擅长规划项目团队成员的工作，但往往会忽视规划自己的工作，这种做法是很危险的；有的项目经理甚至认为自己的时间由自己控制和把握就行了，根本就不需要规划，这种观点更是极其错误的。

项目经理自身的时间是相当宝贵的，如果规划和利用得不好，则会给项目绩效带来很大的影响，有时甚至是“致命”的。项目经理特别是大型项目的项目经理每天都有项目会议、工作协调、思想交流等琐事缠身，如果不善于规划好自己的时间，则每天都会忙得不可开交，而各种各样的事务仍然是“剪不断，理还乱”。

著名的帕累托 80/20 原则在项目经理的自我时间管理方面也适用：即“20% 的工作时间能产生 80% 的工作价值”；“80% 的绩效是由 20% 的工作创造出来的”，这就说明事情是有明显轻重之分的。项目经理有效利用时间并尽量使工作价值最大化的有效方法是：每天工作之前确定当天需要完成的最重要的四到五件事情，再留出 1 小时左右的时间用于处理突发事件；这样既做到了关注重点，又做到了现实可行。

（2）懂得放弃。

"没有用不完的时间，只有做不完的事"。

项目经理一定要培养出自己良好的事物分析能力。项目经理要能明确判断什么事情是重要的，什么事情是不重要的；什么事情是值得花时间做的，什么事情是不值得花时间做的。从前面谈到的"80/20 原则"可以看出，我们对于 80% 的事情大可不必"求全责备"，有时甚至可以大胆地放弃一部分。如果我们真正能把影响项目绩效的最重要的几件事情（即大约占总体事项的 20% 左右）做到位，则项目的主要绩效肯定就有保障了，其他的事情有时间就再根据轻重缓急做一部分，没时间就干脆可以放弃。

项目经理学会懂得放弃，是一项难能可贵的本领。项目经理一定不要将大部分精力花在对项目影响很小甚至几乎没有影响的事情上，这样不但会因为为琐事疲于奔命而荒废要务，而且会因为无的放矢而最终劳而无功。

（3）善于授权。

有些项目经理真可谓兢兢业业，什么事情一定要亲力亲为才放心。实际上，这种做法是不可取的。

项目经理需要成为项目团队成员的榜样和表率，但并不意味着项目经理就需要将"所有问题都自己扛"。

项目经理切忌患得患失、事无巨细，因为如果这样，则势必轻重不分，其结果只能是枉费心机，白费力气，却于事无益。一个人的精力是有限的，项目经理要善于授权，完全可以把一些紧急但不重要的事情委托给项目团队的其他成员去完成，这样项目经理才能集中精力处理好自己该处理的事情。

需要指出的是：项目经理需要授权，但不要把只有自己能做的事情也交给别人去做，项目经理只能将一些可以由别人代替完成的工作授权出去。

另外，项目经理还需要注意，授权不授责，项目经理不要错误地以为工作授权出去了就可以万事大吉，项目经理需要及时跟进其所授权的工作；如果真出了问题，项目经理需要主动承担责任。

（4）集中精力办"大"事。

对于重要的工作，几个小时全神贯注产生的效力，远大于每天15分钟持续一个月的努力。为重要的工作留出整块不受干扰的时间，这是德鲁克对知识工作者时间管理的重要建议。

作为项目经理，千万不要因为一些琐事而使一些重要的工作被中断。项目经理要懂得放弃，下决心抽出整块时间，集中精力办“大”事。

（5）用心更要用脑。

读书的时候，老师经常教导我们要“用心读书”；参加工作后，上司也经常教导我们要“用心工作”。乍一看，这种观点好像没错。实际上，由于项目各种不确定因素的存在，作为项目经理仅仅“用心工作”是远远不够的。“用心工作”只能表明项目经理工作态度很好、很敬业，工作的最好结果也只能是“将应做的事情做好了”。

项目经理在“用心工作”的同时，一定要“用脑工作”。“用脑工作”是指多思考多想办法，“用脑工作”不但能通过最好的办法把该做的事情做好，而且能让宝贵的时间花在“刀刃”上，其结果无疑是抓住了问题的要领，而使工作事半功倍。

在文章的最后，张成功总结道：

（1）时间管理并不是要把所有事情做完，而是更有效的运用时间；

（2）时间管理的目的除了决定该做的事情之外，还有决定不应该做的事情；

（3）时间管理不是完全的掌控，而是降低变动性；

（4）时间管理最重要的功能是将事先的规划作为一种提醒与指引。

本节内容精要

◆ 张成功实践并总结了项目经理可以从以下5个方面努力去管理好自己的时间。

（1）给自己规划好工作。

（2）懂得放弃。

（3）善于授权。

（4）集中精力办“大”事。

（5）用心更要用脑。

项目经理如何培养自己的人际交往能力

良好的人际关系是一个人成功的基石。出色的人际交往能力，属于一种个人的处世修养，需要在日常工作、生活中有意识地培养。提高人际交往能力，不是一件容易的事情，也不是一朝一夕可以做到的，成功与否取决于一个人的动机、决心、努力与恒心。

张成功认为，项目经理可以从以下 12 个方面培养自己良好的人际交往能力。

（1）克服内向心理，主动与人交流。

一个性格内向的人，不容易成为人际交往的高手。有志于从事项目管理但性格内向的项目经理，一定要注意有意识地克服内向心理，大胆主动地与人交流。

一个性格外向的人，在人际交往活动中已经就具有了先天的优势，这样的项目经理比较容易和项目团队建立"知心"的人际关系。

（2）通过学习和训练，提高语言表达能力和总结能力。

绝大部分的人际交往场合需要借助文字和语言的表达，特别是语言的表达，因此良好的表达能力在人际交往活动中是相当重要的。一个"拙舌"的项目经理，在项目团队的人际交往中，会表现出明显的"先天不足"。

表达能力分为文字表达能力和语言表达能力。与人交往，表达能力是相当重要的。作为项目经理，一定要注意培养自己的表达能力，真正让自己能在和别人交往的场合，将需要表达的内容表达清楚，而不至于让对方一知半解甚至误解。

另外，总结能力也相当重要，"观点鲜明、言简意赅、条理清楚"的表达方式，能让对方轻轻松松一听即明，从而让交往、沟通更容易成功。

（3）努力使自己成为一个正直、责任感强的人。

人人都愿意和正直、责任感强的人合作和交往，正直和富有责任感实际上就为人际交往的顺利进行做了最好的铺垫，从某个角度上来讲弥补了人际交往能力的"先天不足"，实际上相当于提高了人际交往能力。

另外，正直的人，也更容易坚持原则。

一个人品一塌糊涂的人，就算他有超强的人际交往能力，那也只能算之为坑蒙拐骗的"雕虫小技"，无法登"大雅之堂"。

（4）建立"恰如其分"的自信心。

现代社会，人际交往往往意味着"合作"和"共赢"，因此没有人愿意和一个没有自信的人交往（因为一个不自信的人，别人也对他没有信心）。另外，没有自信心的人，也缺乏和别人交往的勇气。

建立"恰如其分"的自信心，能让自己在人际交往的场合得到比别人更多的机会，人际交往能力也就自然而然得到了较好的凸显。

然而，一个自负的人，别人也会对他敬而远之，甚至嗤之以鼻。因此，在建立自信心方面，我们需要把握好“度”。

（5）养成谦虚、谨慎、自律的工作作风。

一个虚心接受别人观点、批评和指责的人，一定会具有比较好的人际关系。

谦虚谨慎是一个人的美德，更是项目经理在项目团队合作中不可或缺的工作作风。唯有如是，项目经理才能更好地凝聚人心。

另外，一个自律的人，才会严格要求自己，以身作则。

（6）养成尊重他人、甘于忍让的精神。

一个懂得如何尊重他人、甘于忍让的人，在人际交往中就不会发生太多的冲突。凡事以己为先，处处“争强好胜”的项目经理，是不会具有什么了不起的人际交往能力的。

一个尊重别人的人，才会友善待人、与人交往，也才会时时处处理解他人。

当然，甘于忍让不是“卑躬屈膝”。

（7）养成“以诚相待”的为人习惯。

没有人能忍受虚假，也没有人能接受欺骗。真诚待人，别人自然和你亲近，这样的人，不一定需要具有“口吐莲花”的才能，别人也会主动和他交往。

（8）多培养随机应变的处事能力。

不同的环境、不同的交往对象、不同的话题，需要我们采用不同的沟通交流方式。作为项目经理，需要学会有针对性地采用“个性化”的交往方式，善于将自己的意图恰如其分地表达出来。

项目经理只有具有了随机应变的处事能力，才能灵活做到“兵来将挡，水来土掩”，灵活自如，这样在人际交往活动中才更有优势。

（9）善于做一个忠实的倾听者。

“会说的永远不如会听的”，在很多场合（特别是别人需要倾诉或发泄时），“洗耳恭听”胜过“舌灿莲花”。一个真正的人际交往高手，往往不会喋喋不休。作为项目经理，将自己培养成为一个忠实的倾听者，一定会赢得更多的人心。

但我们同时也需要注意，“洗耳恭听”并不是“一言不发”，这一点需要项目经理切记，在倾听、思考、接受和肯定别人的意见时，也需要适时地表达自己的一些看法、思想，在互动的过程中进行交流，这样会使得谈话更加容易深入，并达到实效。

（10）提高对事物的洞察力，善于寻找共同的话题，灵活引导对方。

没有共同的话题，就没有沟通的基础，不善于引导对方，就很难达成观点的一致，当然也很难实现交流的初衷。

项目经理要学会把握交流话题的本质，善于从分歧中寻找双方的“共同点”，从而让彼此之间的交流有一个“共识”的起点，然后再尽量采用肯定的提问方式慢慢引导，最终让对方接受或赞成自己的观点。

（11）急他人之所急，善于替别人思考问题。

孔子曰:“己欲立而立人，己欲达而达人。[1]” 我们只有满足他人“所需”，他人才能成就我们“所求”。一个善于站在别人的立场上替别人思考问题的人，一定能得到别人更多的信赖，同样也比较容易增进彼此之间的交往。

人际交往的最高境界是“利人利己”（双赢），我们一定不要“损人利己”（输赢），当然更不要“损人不利己”（输输）。

因此，作为项目经理，多替项目成员想想，急他人之所急，是人际交往能力在另一个层面的体现。

（12）培养恰当运用“善意谎言”的能力。

一般来说,人都愿意听真话。但有时候,适当运用“善意谎言”能得到意想不到的效果；因为在某些特殊情况下，照直讲“真话”，可能会让对方接受不了。

但我们需用注意:运用“善意谎言”要不影响和伤害对方,需要对整个事情的处理有利。

本节内容精要

◆ 张成功实践并总结了项目经理可以从以下12个方面培养自己良好的人际交往能力。

（1）克服内向心理，主动与人交流。

（2）通过学习和训练，提高语言表达能力和总结能力。

（3）努力使自己成为一个正直、责任感强的人。

（4）建立“恰如其分”的自信心。

（5）养成谦虚、谨慎、自律的工作作风。

[1] 出自《论语·雍也》。这句话的意思是：自己决定对人建立仁爱之心，别人才会对你仁爱，自己决定对人豁达宽容，别人才会对你豁达宽容。

（6）养成尊重他人、甘于忍让的精神。

（7）养成“以诚相待”的为人习惯。

（8）多培养随机应变的处事能力。

（9）善于做一个忠实的倾听者。

（10）提高对事物的洞察力，善于寻找共同的话题，灵活引导对方。

（11）急他人之所急，善于替别人思考问题。

（12）培养恰当运用“善意谎言”的能力。

后记：畅想未来

是英雄，就总在路上。张成功心如明镜：一个项目的成功并不意味着什么，未来还有很多项目等着自己去挑战，而最难的是自己人生这一最为重要的项目。

国内某省全省大集中电子政务行政办公系统建设项目较圆满地完工了。吃过晚饭，张成功躺在舒适的草地上，仰望星空，回味着这12个多月所经历的点点滴滴，心里涌动着更大、更美好的憧憬。

他拿出自己随身携带的纸和笔，写下了如下自我激励的一首小诗，诗名叫“人生舞台”。

人生舞台，
你我演出的地方。

每一次都是现场直播，
从来不能彩排。

一人一回，千人千样，
无法复制，不能重来。

登上舞台，向前进发，
眼定前方，适时回望。

足迹，在身后，
无尽、绵长。

写罢，张成功掩卷沉思，他自言自语道：“孔子曰‘逝者如斯夫，不舍昼夜。[1]’明天又将是新的一天，我将继续扬帆起航，朝着胜利的方向挥橹奋进！”

张成功精神抖擞地站起身来，面对着月亮升起的地方用力做了一个“V”（代表胜利）的手势。

此时，张成功隐约听到身后传来高跟鞋噔噔噔的声音，回头一看，原来是女朋友阿芬正朝自己走来……

---

[1] 出自《论语·子罕》。这句话的意思是：消逝的时光就像河水一样啊，不分昼夜地向前奔流。

参考书目

[1] 美国项目管理学会. 项目管理知识体系指南（PMBOK®指南：第5版【M】. 许江林，等译. 北京：电子工业出版社，2013.

[2] 德鲁克. 卓有成效的管理者【M】. 许是祥，译. 北京：机械工业出版社，2005.

[3] 王树文. 突破职场樊篱【M】. 广州：华南理工大学出版社，2011.

[4] 王树文. 从技术走向管理——李元芳履职记【M】. 北京：电子工业出版社，2013.

[5] 施瓦尔贝. IT项目管理【M】. 杨坤，王玉，译. 北京：机械工业出版社，2011.

[6] 李涛、张莉. 项目管理【M】. 北京：中国人民大学出版社，2005.

[7] 埃亨. CMMI精粹：第3版【M】. 王辉青，战晓苏，译. 北京：清华大学出版社，2009.

学习笔记

学习笔记

学习笔记